EL RETORNO DE LOS GUERREROS

THÉUN MARES

ACERCA DEL AUTOR

En el lenguaje inglés, el nombre Théun Mares es la interpretación más aproximada del antiguo nombre Tolteca del autor. Su nombre en este lenguaje significa "Théun, el de las Aguas Caudalosas."

La función llevada a cabo por Théun entre los Toltecas es conocida con el nombre de nagal, es decir, como líder espiritual dentro de una unidad de guerreros.

Théun, nacido en Zimbabwe, de padre minero (minas de oro), y de madre considerada como "vidente natural", pasó la mayor parte de sus primeros años entre la maleza conviviendo con animales, pájaros, y nativos del área, por lo tanto, transcurrió su vida en un rico ambiente de muy variado folklore. Fue precisamente aquí, en medio de esta naturaleza, donde Théun resumió su entrenamiento en esta época en el tiempo, bajo el tutelage del Nagal J.

Después de haber cursado estudios en la Universidad de la Ciudad del Cabo, para obtener el Título de Licenciado en Filosofía y Letras, Théun continuó la mayor parte de su tiempo trabajando en el campo de educación.

En 1977, durante un año de licencia que tomó para proseguir con sus estudios a través de Europa y Norteamérica, Théun comenzó a experimentar repentinos "recuerdos retrospectivos" de su entrenamiento como guerrero en otras vidas pasadas. Fue en 1978, cuando logró finalmente restaurar la memoria de todos sus previos entrenamientos.

En 1992 Théun renunció a su trabajo y comenzó su cometido en dar a conocer al mundo entero las enseñanzas Toltecas a través de una serie de libros.

Además de sus propios aprendices, Théun cuenta también con otras personas que trabajan bajo tu tutela con el fin de profundizar la evolución de la conciencia a través del medio de la Tradición Tolteca. Théun reside en la Ciudad del Cabo, Sudáfrica.

EL RETORNO DE LOS GUERREROS

THÉUN MARES

VOLUMEN I

Las Enseñanzas Toltecas

TRADUCCIÓN

Mabelle Brandimarti Ackert

lionheart
PUBLISHING

Edición en español – marzo 2001
Título de la edición original: Return of the Warriors
Publicado por primera vez en 1995.

Los permisos del autor aparecen en la página 253.

ISBN 1-919792-11-2

Carátula: El mosaico del piso del Templo de los Toltecas mostrando el Centro Sagrado, la Rosa Amarilla de la Amistad y los campos de fuerza electromagnéticos generados por el templo.

Frontispicio por Rochelle Beresford
Ilustraciones del Texto por Susan Emily
La cubierta del libro por Lori Gie
Composición y diseños interiores por Christabel Hardacre

Impreso y encuadernado por Creda Communications

Este logo significa que esta obra está relacionada con el Sendero Tolteca hacia la libertad como lo expresado por Theún Mares, y sirve para diferenciar estas enseñanzas de aquéllas tradicionales Meso-Americanas sobre Toltequismo, Nagualismo y Shamanismo.

Publicado por:

lionheart
PUBLISHING

Casa Editorial
Lionheart
Private Bag X5
Constantia, 7800
Cape Town
South Africa
e-mail: cajmi@iafrica.com
www.lionheartpublishing.com

Autor de la edición y publicado por: Charles Mitchley

Este libro es un saludo a mi adorado maestro, el Nagal J., quién me ha guiado, así como a mis colegas guerreros, con mano de hierro y con una disciplina sin favoritismos, propia de un hombre que no toma la responsabilidad a la ligera; no obstante, su amor incondicional hacia todos nosotros, y su profunda sabiduría han sido siempre fuente de perpetua inspiración.

EL HOMBRE

(Mostrando la cápsula luminosa)

El ser mágico del universo – fuente de toda percepción.
(Ilustración: Rochelle Beresford)

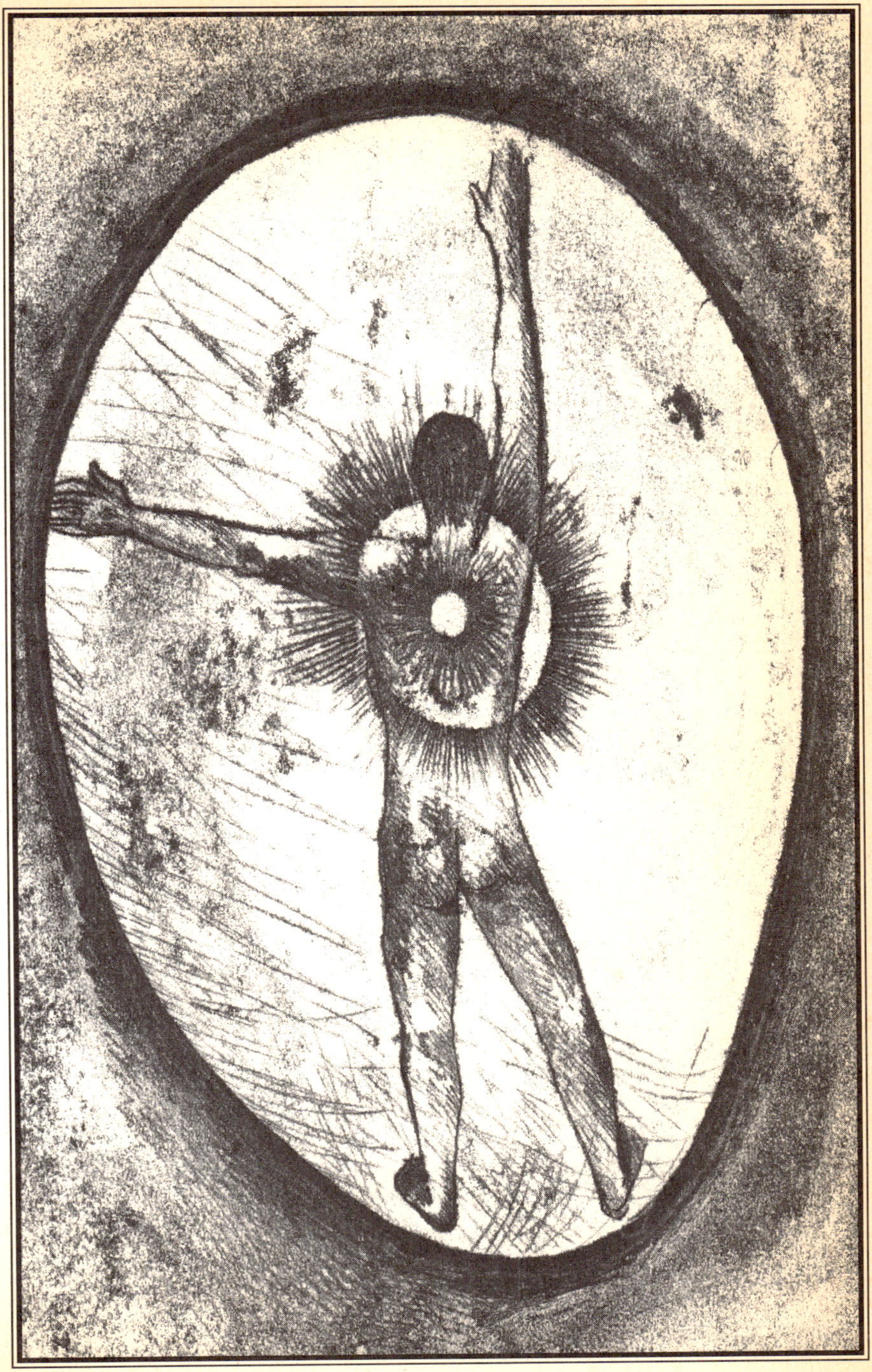

CONTENIDO

LISTA DE ILUSTRACIONES

SIETE TIPOS DE SOÑADORES

AGRADECIMIENTOS

A todas aquellas personas que han colaborado generosamente con su tiempo y energía en hacer posible la publicación de estos libros. ¡Un gran abrazo y gracias a todos!

EN UN TIEMPO ANTES DE LOS TIEMPOS, CUANDO EL SOL DE FUEGO ERA JOVEN Y EL PLANETA TIERRA AÚN NO SE HABÍA MATERIALIZADO, CUANDO LOS CIELOS ESTABAN AÚN DESGARRÁNDOSE CON LAS GUERRAS DEL ESPÍRITU Y CUANDO EL HOMBRE SE ENCONTRABA ENVUELTO DENTRO DE LAS ARDIENTES NEBULOSAS DE LA ESENCIA SOLAR . . .

INTRODUCCIÓN

Hasta 1968 año en que Carlos Castaneda publicó su primer libro titulado *Las Enseñanzas de Don Juan: Un método Yaqui de Conocimiento,* se había asumido que la tradición Tolteca había desaparecido mucho tiempo atrás y había sido olvidada para siempre. Sin embargo, la curiosidad y la fascinación despertadas por este libro brindaron no sólo fama y reconocimiento instantáneo para el autor, sino, que, además, atrajeron una numerosa secuela de entusiastas aprendices marcada de tiempo en tiempo por los inevitables críticos quienes trataron vigorosamente de desacreditarlo. Evitando las embestidas de admiradores y críticos, Castaneda continuó publicando un libro detrás de otro en forma consistente y reservada. Ahora, después de varios años, y trás de haber publicado numerosos libros, los lectores de Carlos Castaneda todavía permanecen atónitos ante dos premisas fundamentales que ni los admiradores ni los críticos han sido capaces de responder satisfactoriamente o con convicción alguna: primero, ¿realmente existió el ahora legendario Don Juan?; y segundo, si Don Juan existió, ¿fueron las increíbles experiencias de Castaneda reales o ficticias?

Aunque parezca por momentos que la naturaleza de este libro sea un intento de defender las declaraciones personales de Carlos Castaneda, ésta no es la intención, puesto que si Castaneda deseara defenderse, él es muy capaz de defenderse por sí mismo, sin la menor duda. Este libro, sin embargo, tiene otro propósito que se divide en cuatro partes: primero, verificar la continua existencia de los Toltecas a través de las eras; segundo, corroborar la autenticidad de las enseñanzas que Castaneda atestiguó; tercero, testimoniar al mundo en general la verdadera esencia de estas antiguas enseñanzas; y cuarto, abrir el camino a los guerreros Toltecas en su retorno al estrado público después de su largo "exilio" voluntario *a fin de* tomar una vez más el puesto que les corresponde entre los verdaderos líderes espirituales de la humanidad.

Solamente un aspecto deberá considerarse en defensa de Carlos Castaneda, y es que él no hubiera podido publicar lo que hasta ahora había sido una tradición estrictamente verbal sin el consentimiento de los Toltecas. Si ha de decirse la verdad, Castaneda estaba destinado a reintroducir al mundo un sistema de conocimiento que durante eras había sido considerado como obsoleto. La gran rueda de la evolución ha dado un enorme giro, de ahí el motivo de este libro: el revelar quienes son los Toltecas y lo que implica su tradición. El llamado ha sido dirigido para que los Toltecas de todo el mundo se unan otra vez bajo el estandarte de una meta común, para hacer accesible su poder y conocimiento en conjunto con Aquéllos que siempre han guiado el destino de la vida de este planeta entre bastidores – Aquéllos conocidos a los Toltecas como los Guardianes de la Raza. Este llamado ha sido emitido, ya que el mundo en general y la humanidad en particular, han llegado a una encrucijada crítica – una encrucijada que presenta una alternativa trascendental para toda la creacción de este planeta, y al mismo tiempo una oportunidad sin precedentes.

Esta encrucijada en la historia de la humanidad, registrada en una profecía antiguísima, ha sido por largo tiempo concebida y esperada pacientemente por los Guardianes de la Raza. Mientras el tiempo hilaba la red del destino, los Toltecas iban asumiendo la parte que se les asignó en la historia del planeta, y mientras su conocimiento iba aumentando, paulatinamente comenzaron a *entender por sí mismos* esta antigua profecía dada a continuación:

> "¡Juntos ahora proclamaremos el Templo del Espíritu!" exclamó el séptimo Hijo, el Dragón. Entonces, los siete grandes Hijos del Ser, que son los Tres entronizados, se trasladaron resueltamente a sus posiciones en el Este, Norte, Oeste y Sur para comenzar su magna tarea.
>
> Las puertas del Templo estaban atrancadas y vigiladas. Dentro reinaba la oscuridad, ya que la Luz aún no podía penetrar abiertamente, por lo tanto ninguna parte del

Templo era visible. Ni un solo sonido perturbaba el completo silencio, puesto que tampoco la Palabra sagrada no podía aun ser pronunciada. Los Siete no mostraban ni su color, ni resonaba su vibración, solamente se trasmitía entre ellos una comunicación silenciosa, marcando el progreso de su trabajo.

Transcurrió una eternidad, hasta que por fin llegaron sonidos de vida del exterior del Templo, y un hijo menor del Espíritu golpeó a la puerta del Templo. Brevemente se abrieron las puertas para admitir a este hijo del hombre, y mientras entraba en el Templo, iba agregando su poder a aquello que ya estaba en su interior. Así vinieron los hijos de la tierra, uno por uno, y mientras iban siendo admitidos en el templo, la luz interior empezaba a resplandecer con más fulgor.

Los hijos del hombre atravesaron el templo de Norte a Sur y de Oeste a Este. En el centro se detuvieron frente a la Rosa, y ahí encontraron la inspiración, el conocimiento y el poder para trabajar, apartaron a un lado el velo del altar interior y fue entonces que una Luz Blanca y diáfana bañó sus cuerpos.

El tiempo transcurrió, y el Templo fue adquiriendo una belleza más inusitada, mientras que lentamente su arquitectura, proporciones, detalles y acabado iban transformándose en una creciente luz.

Entonces vino un llamado del Este "Abran ahora las puertas a todos los hijos de la tierra para que puedan buscar la Luz y encontrar el Templo del Espíritu. Descubran el velo del altar interior para que todos puedan ingresar en la Luz. Permitan ahora a los Guerreros del Espíritu, los cuales han ocultado sus trabajos por tan largo tiempo, diseminar sobre la superficie de la Tierra, el Templo de Vida. Permitan también, que la Luz brille, permitan que también la Palabra resuene, permitan que el trabajo de transmutación comience."

"Es así como el Templo de la Luz será transferido a la tierra, para iluminar allí el sueño del soñador. Es así como el hombre se despertará en el Este, y enfrentando su temor hará frente a sus desafíos en el Oeste. Es así como el hombre será guiado a encontrar respeto en el Sur y a reunir su fortaleza en el Norte. Entonces el hombre buscará la única luz verdadera y aprenderá el secreto del rojizo sol que siempre brilla en el Este."

¿Porqué tenemos que permitir todo esto? Preguntan los Siete, los Tres entronizados.

Porque ahora ha llegado el momento, los Guerreros están listos, y el Espíritu ya ha surgido a la luz, revelando el color sagrado y resonando la vibración creativa. Ahora todos los hijos del hombre pueden buscar poder y enlistarse en la batalla por la libertad. Nada más queda por hacer."

"¡Que así sea!," Contestaron los Siete y los Tres entronizados. Así los hijos de la tierra se entregarán a la batalla."

Así habla la antigua profecía, registrada en un tiempo antes del Tiempo, de un oráculo que no es de este mundo. Los trabajos de Carlos Castaneda, así como este libro, son el cumplimiento de esta profecía, puesto que las enseñanzas Toltecas no pertenecen a secta alguna en particular, sino que son el derecho divino de nacimiento de cada hombre y mujer.

Ya que la principal razón de éste y subsecuentes libros es la de poner al lector en contacto con la verdadera esencia de las enseñanzas Toltecas, estos libros han sido divididos en volúmenes separados para mayor claridad.

Por otra parte, para permitir al lector familiarizarse sistemáticamente con estas antiguas enseñanzas, este primer volumen se ha escrito en tres partes. Empezando por una visión amplia, cada parte gradualmente da paso a más detalle y complejidad.

La primera parte de este libro cubre el origen y desarrollo histórico de la tradición Tolteca. Esta narrativa debe ser vista como un fondo propicio sobre el cual proyectar los diferentes conceptos, puesto que a primera vista pueden aparentar ser un tanto incomprensibles.

La segunda parte trata a fondo los conceptos fundamentales que forman el sistema de referencias de las enseñanzas. Para que los aspectos más sutiles de las enseñanzas representen algún valor estos fundamentos deben ser comprendidos en su totalidad.

Intrínsecamente a todas las enseñanzas Toltecas, hay una gran cantidad de expresiones axiomáticas que se mantienen como la esencia que confiere vida a las enseñanzas. Estos axiomas, que han sido tradicionalmente llamados *aforismos*, son esencialmente eternas verdades universales. Para facilitar su referencia, todos los aforismos usados a lo largo de este libro han sido resaltados en el texto.

La tercera parte de este volumen contiene instrucciones detalladas de los primeros pasos que deben dar todos los aprendices de la tradición Tolteca. Sin embargo, en este punto es apropiada una palabra de precaución, la Senda del Guerrero* no es como ningún otro camino conocido al hombre. Como tal, no se debe entrar en esta Senda de una forma impulsiva, sino que se debe entablar con consideración y respeto.

En esta época moderna, cuando al público se le brinda todas las formas posibles para lograr una tal llamada "iluminación instantánea," tal vez será una desilusión para algunos descubrir que no es mi intención presentar al lector una formula sobre "El Camino de los Milagros para el Holgazán." Acerca de este aspecto, no estoy implicando que los Toltecas carezcan de la capacidad de obrar milagros, sino, simplemente, que para poder hacerlos, hasta los Toltecas tienen que realizar un largo y difícil aprendizaje. Un taller de trabajo condensado sólo puede derivar en una carrera corta y, como es bien sabido, poco conocimiento es inevitablemente conocimiento peligroso.

Le estaría haciendo una injusticia al lector si fuera a *conjeturar* que la Senda del Guerrero es fácil, puesto que esto está lejos de ser verdad. De todas las sendas posibles, la del Guerrero, es honestamente, la más difícil. Pocas personas están capacitadas para enfrentar las dificultades requeridas para obtener el

* *El nombre tradicional dado a las enseñanzas Toltecas.*

conocimiento que se necesita en el manejo de los más altos niveles en este noble sendero. No obstante, si este sendero se recorre un paso a la vez, estará dentro de la capacidad de todo adulto el manejar suficientemente el trabajo elemental para mejorar su calidad de vida más allá de su imaginación.

La Senda del Guerrero puede compararse al ascenso por las paredes de un abismo – a primera vista parece imposible, pero de pronto, vemos un asidero, un peldaño, y comenzamos a subir, sólo para encontrar más asideros y más peldaños. Pero la regla a seguir en tal ascenso, es nunca mirar hacia arriba excepto para encontrar un nuevo asidero, y nunca mirar hacia abajo, para así evitar ser vencidos por nuestro miedo al fracaso.

Es un fatigoso esfuerzo llegar a la cima del abismo, pero, ¡qué logro, qué libertad, y qué poder se experimenta!, y todo comienza con los ejercicios más simples. Sin embargo, es exactamente aquí donde todo aprendiz descubre la primera dificultad; todo parece muy fácil y muy simple. Es un axioma Tolteca que todo lo que tiene poder rara vez, o nunca, atrae atención, puesto que la mente racional del hombre está dirigida hacia la complejidad académica.

Aquí yace la dificultad de la Senda del Guerrero, no en su complejidad académica, sino paradójicamente, en su absoluta simplicidad. Muchas de sus enseñanzas son tan sutiles que son rápida y fácilmente ignoradas por el novicio demasiado entusiasta. Es posible que este punto sea más fácilmente comprendido si se indica que al haber leído hasta aquí, el lector ya ha dado los primeros pasos en la Senda del Guerrero.

A propósito del origen y desarrollo histórico de la tradición Tolteca, la única documentación comprensible escrita acerca de los Toltecas es la historia de la civilización Tolteca que floreció en el Valle de México de 950 a 1160 E. C.* Sin embargo, esta pequeña porción de tiempo no ocupa ni la minúscula parte de la historia Tolteca, y más que nada distorsiona la historia real.

Tratar de narrar la historia de gente que normalmente se ha mantenido en la oscuridad, y que, ha hecho esfuerzos extraordinarios por erradicar su historia personal y colectiva de la memoria universal, no es una tarea fácil. El tema se complica aun

* *Era Común.*

más por el hecho de que los Toltecas son videntes cuyo conocimiento se basa en lo que *ven**, y puesto que este hecho usualmente no coincide con las teorías de la ciencia ortodoxa, la interpretación de la historia Tolteca parece convertirse en algo cada vez más irracional al retroceder en el tiempo.

Para poder entender no sólo los orígenes de los Toltecas, sino también la verdadera naturaleza de sus enseñanzas, es de vital importancia el no situar a los Toltecas dentro de ningún sistema de referencias que no sea el suyo propio. Contrariamente a lo que la humanidad actualmente cree, hay sistemas de referencias diferentes de aquellos a los que habitualmente se adhiere la mayoría del mundo occidental. Si las enseñanzas Toltecas van a ser aplicadas, su origen y finalidad, deben ser vistos estrictamente dentro de su propio contexto. Esto no implica que los Toltecas sólo se adhieran dogmáticamente a sus propias doctrinas particulares, sino que los Toltecas reconocen y se mueven dentro de diversas estructuras a través de las barreras del tiempo. Tan fantástico como pueda parecer, los Toltecas se mueven dentro de cuatro dimensiones, y por lo tanto, no pueden ser comprendidos dentro de un sistema estrictamente tridimensional.

La decisión de revelar al mundo en general la verdadera historia de los Toltecas no fue acompañada por la creencia inocente de que el mundo iba a acoger su historia como un hecho innegable. Los Toltecas están totalmente conscientes de que la humanidad, siendo aun tridimensional, y como tal, atada por los conceptos de tiempo y espacio, instintivamente acogerá su historia con escepticismo. Los Toltecas son quienes son y nunca se dejaran influenciar por la opinión pública. El lema de los Toltecas es que *la Verdad es más importante que las creencias populares, y cualquier hombre que sienta que tiene que modificar su conocimiento para recibir aprobación pública, no es digno de confianza*. Así, en el espíritu de este lema, y sin ningún intento de justificación, se ofrece esta historia y conocimiento libremente, permitiendo al lector decidir por sí mismo, si cree o no, lo que aquí se afirma.

** Habilidad de adquirir conocimientos por medios arcanos.*
Este concepto será explicado con más detalles en volúmenes ulteriores.

Este libro es primeramente para los pensadores del mundo que han visto por sí mismos que la humanidad no puede continuar en su trayectoria actual indefinidamente, y que es imprescindible un cambio drástico de pensamiento y de actitudes humanas, si se ha de asegurar la prosperidad del mundo. Segundo, es para aquellos – para los que la verdad es más importante que las palabras – que creen en el conocimiento empírico como un valioso regalo de la vida, y que reconocen la relación de toda forma de vida, en la interdependencia e interacción de todas las cosas. Pero tal vez, lo esencial de este libro, es para aquellos que han estado hasta ahora buscando la verdad *que perciben que existe*, pero que aun no han podido encontrar. Estas son las almas verdaderamente gentiles que no se desesperan, pero que esperan en verdadera humildad. Manteniendo dentro de sus corazones el íntimo silencio de la vida, esas personas saben que su oportunidad llegará algún día.

Puesto que la tarea de escribir este libro ha recaído sobre mí en un momento en que los diplomas parecieran importar más que el hombre en sí, no puedo más que preguntarme qué tipo de *requisitos* serían apropiados para este propósito. Llegando a la conclusión de que ni mi capacitación académica ni mi carrera parecen tener conexión alguna con la narrativa que es mi deber relatar, he decidido enfocar mi atención en el estilo actual de este tipo de literatura. Lo que encontré me confundió enormemente, puesto que la credibilidad actual aparenta estar enfocada en libros canalizados por seres desincorporados o inteligencias extraterrestres.

En vista de este sorprendente descubrimiento, debo apresurarme a declarar que no soy un ser descarnado o un extraterrestre, sino un hombre de carne y hueso, tal como cualquier otro hombre que camina esta tierra. Es más, no me veo a mí mismo como un hombre particularmente dotado o extraordinario en ningún respecto, excepto que soy un producto de la Tradición Tolteca. Sin embargo, nunca deja de asombrarme que aunque esta tradición es un sistema de enseñanzas tan viejo como la humanidad misma, las historias que giran sobre este tema parecen inculcar en la gente un sentido de respeto y podríamos agregar hasta miedo. La razón de ello es que, aunque las enseñanzas Toltecas sean una herencia natural de la humanidad, la humanidad en general no ha estado preparada hasta ahora para recibirlas. Consecuentemente, mi gente ha actuado como custodios de esta tradición desde tiempos inmemoriales, y consecuentemente han, afortunada o desafortunadamente, ganado para sí mismos el dudoso título honorífico de "hechiceros".

Parecería entonces que, el dudoso título de "hechicero" es también la calificación que he heredado en virtud de mi descendencia. Pero, puesto que la brujería normalmente no es bien vista en círculos educados, y puesto que los hechiceros son generalmente vistos con un poco de sospecha, hubiera sido más conveniente apelar al estado de ser desincorporado o extraterrestre, puesto que así posiblemente, hubiese podido haber generado más credibilidad y respeto.

Tal opción parecería tentadora, si no fuera por el hecho de que no logro entender porqué seres desincorporados o extraterrestres podrían ser, de alguna forma milagrosa, más confiables que los simples mortales racionales. Después de todo, si un hombre es un mentiroso en su presente *estado* físico, ¿qué fin tendría que hablase sólo la verdad una vez en estado incorpóreo? Del mismo modo, ¿qué persona sensata *confiaría* que un ser extraterrestre, que es totalmente desconocido, fuera irrefutablemente superior en inteligencia a la humanidad? Tal lógica tiene poco sentido, y puesto que este libro es ofrecido a gente de buen juicio y sensible, tal vez sería más ventajoso no acrecentar la confusión con aun *más* ambigüedad.

Debido a que en el análisis final no he logrado producir algo concreto que pueda sustanciar mi autoridad para escribir este libro, me presento simplemente como un ser humano. No obstante, haré un esfuerzo por no tornarme aburrido en mi simplicidad.

Aquí está por lo tanto, sin más, la historia de mi gente.

PRIMERA PARTE

EL PRINCIPIO DEL TIEMPO

EL LOBO

"... y serán conocidos como la gente lobo. En sus corazones siempre llevarán el vago recuerdo de un mundo caduco, un sol rojizo que una vez fue el hogar del hombre, que una vez fue su gloria y su honor. Durante el día huirán de la abominación de la locura humana, y en la noche miraran la tenue luz de la luna y llorarán la angustia de su libertad perdida, una lanza y una espada olvidadas. En cada fibra de su ser mantendrán para siempre el éxtasis de la esperanza y la libertad".

Extracto de las profecías del Innombrable.

(Ilustración – acuarela en blanco y negro por Susan Emily)

CAPÍTULO I

ORIGEN DE LOS GUERREROS TOLTECAS Y SU CONOCIMIENTO

"Diseminado por el mundo, existe un puñado de pensadores y estudiantes solitarios, que pasa su vida en la oscuridad, lejos de los rumores del mundo, estudiando los grandes problemas de los universos físicos y espirituales. Tiene sus archivos secretos en los cuales están preservados los frutos de labores escolásticas de una larga línea de reclusos de los cuales son sucesores".

H. P. BLAVATSKY[1]

Para aquéllos, entre nosotros, que preferimos hacer las cosas correctamente, permítanme comenzar esta narración en forma tradicional, que será lo más apropiado para una historia como la presente.

Érase una vez . . . hace dieciocho millones de años, varios grupos de personas, los que hoy serían considerados como sacerdotes y sacerdotisas de templos antiguos, que vinieron a este mundo junto con la humanidad como la conocemos hoy. Cómo sucedió todo esto, y dónde se originó la humanidad, son preguntas que van mucho más allá del alcance de este libro, pero lo que puede ser dicho es que el arribo del hombre a este planeta fue algo similar a un exilio semi-voluntario de su mundo original. Este planeta, sin embargo, impuso limitaciones tan severas a las formas de vida que llegaron a él, que terminaron obligando al hombre a permanecer inmerso completamente en esa prisión que hemos llegado a llamar materia. Tan drástico fue el efecto, que el hombre hasta se olvidó de su planeta-hogar y qué y quién es realmente. Perdida y confundida, la humanidad se tornó hacia los sacerdotes buscando una guía espiritual, sólo para encontrar que ellos también habían sido afectados en la misma forma adversa que el resto de la humanidad. Este fue un período oscuro de lucha y desesperación aparentemente interminable.

Todo lo contenido en este libro sucedió en un tiempo distante cuando la humanidad estaba en un estado de evolución que es conocido hoy como Lemuriano y estaba viviendo en el antiguo continente de Shalmalí. La inmersión en la materia, y la lucha del hombre contra el debilitante efecto de este hecho, acaeció durante millones de años. En aquel entonces habían siete sub-razas nacidas dentro de la civilización de Lemuria. La cuarta sub-raza de Lemurianos era conocida como Barhishads, o las Divinas Hermafroditas, y fue de éstas que nació la Raza Rmoahal, la primer sub-raza de los Atlantes. De los Rmoahales nacieron los Tlavatlis, y fue de este grupo que los sacerdotes de la antigüedad comenzaron a reencarnarse y paulatinamente recuperar algunas de sus antigüas memorias.

Una vez ganada la memoria, los sacerdotes comenzaron gradualmente una vez más a guiar a su gente, y así fue como surgieron los "Toltecas", que significa hombre o mujer de conocimiento. Mientras los recuerdos iban siendo restablecidos, los Toltecas iban tomando a su cargo el guiar a la humanidad para hacerla regresar a su verdadero hogar tan pronto como fuera posible. Es así que se hicieron conocidos como los guerreros del Espíritu luchando por la libertad.

Así es como la historia de los Toltecas comenzó en este planeta en una era en la que la humanidad estaba apenas comenzando a medir el tiempo como lo conocemos hoy. Al recordar su formación anterior, los Toltecas empezaron a desarrollar la habilidad de *ver*, puesto que estaban equipados con lo que hoy es conocido como el tercer ojo. Fue solamente en el periodo de inmersión en la materia, con la resultante pérdida de memoria, que los videntes Toltecas experimentaron una temporal ceguera psíquica. No obstante, una vez que algunos de ellos comenzaron a recordar, esta habilidad natural para *ver* retornó y les permitió rápidamente recobrar el conocimiento anterior que habían adquirido en su planeta-hogar.

Este conocimiento consistía casi enteramente en lo que es conocido como: *fuerza de voluntad*, matemáticas, astronomía y astrología. Tan adeptos eran los Toltecas en el uso de la *fuerza de voluntad* que no tenían dificultad para elevarse por levitación, como también lograr levitar objetos sólidos de inmenso tamaño y peso. Esta habilidad fue la que mucho más adelante fue usada para construir enormes estructuras como las Grandes Pirámides en Egipto y Stonehenge en Inglaterra.

Luego, los Toltecas comenzaron a enseñar a sus hermanos terrestres las mundanas, pero útiles prácticas artesanales requeridas para la prosperidad física, tales como ser: la pesca, la caza, el arte culinario, la medicina, la construcción, las matemáticas fundamentales y muchas de las artes, especialmente la escultura. Aunque parezca extraño, los Toltecas contaban con un serio problema: el que su conocimiento era extremadamente *condensado*, completamente atávico y de otro mundo.

Los Toltecas poseían poco conocimiento acerca de la complejidad de la vida en el plano físico, si bien habían permanecido millones de años en la tierra, este tiempo significaba poco dada su inicial pérdida de memoria. Como consecuencia, su conocimiento de la materia era limitado. Los Toltecas en este tiempo carecían de entendimiento de lo abstracto, por esta razón, *veían* las cosas enteramente como eran, consecuentemente, para ellos todo era claro, pero unilateral. Dada esta limitación, los Toltecas no lograban entender las implicaciones de la dualidad, o su propósito. Como resultado, conceptos como la relación e interacción de la vida en todas sus formas, aunque instintivamente practicados por ellos, no eran entendidos. Con el correr del tiempo esta misma ignorancia de lo abstracto conduciría a la primera caída de los Toltecas, dado que dio paso a la peor forma de egocentrismo imaginable.

Durante miles de años los Toltecas guiaron a su gente y a todo su mundo, en ese tiempo conocido como Atlántida, en forma excepcional y, como consecuencia gozaban de gran riqueza material y poderío. Fue de los Toltecas de dónde derivó el nombre Atlantis, puesto que la palabra *atl* significa cabeza o líder.

La gente de la Atlántida tenía un Emperador, conocido como el Emperador Blanco, ya que era el de mayor conocimiento entre los Toltecas, y como tal era igualado a una gran luz blanca. El Emperador gobernaba su gente desde la ciudad capital de los Toltecas, conocida como la Ciudad de las Puertas de Oro.

Puesto que los oficios enseñados por los Toltecas eran especializados, la gente estaba dividida en clanes, muy parecidos a las cofradías, y cada una de estas cofradías era gobernada por un grupo pequeño de Toltecas. Estos clanes vivían en ciudades, cada ciudad era gobernada por un Tolteca mayor que tenía un nivel equivalente a un rey. Estos reyes a su vez, eran gobernados por el Emperador, que se rodeaba de un grupo de Toltecas de lo más cultivado y poderoso.

Conforme pasó el tiempo, y mientras el conocimiento de la gente iba acrecentándose, algunos de los clanes, junto con sus reyes, se fueron haciendo más sedientos de conocimiento y poder. Descontentos con el conocimiento y el poder que gozaban, estas personas comenzaron a ver con envidia a sus vecinos y a otros Toltecas más avanzados. No pasó mucho tiempo antes de que la avaricia condujera a algunos de los Toltecas a comenzar a experimentar con procedimientos para aumentar sus habilidades psíquicas, en un ágil intento para ganar superioridad sobre otros. Este fue el comienzo de la brujería y la práctica de la magia negra.

Al carecer de un entendimiento cabal de lo abstracto, los Toltecas no llegaban a comprender sus habilidades psíquicas más de lo que un pato comprende la técnica del saber nadar. Consecuentemente, los Toltecas que se tornaron hacia la brujería empezaron a desarrollar intrincados rituales para así lograr acrecentar su *poder**.

Aunque no se daban cuenta de que estos rituales no tenían otro propósito más que el de aumentar su *voluntad*†, estos brujos lograron incrementar su *poder* a tal punto que lograron derrocar, y dominar otras ciudades y a sus gentes. Mientras los Toltecas luchaban por supremacía, rebeliones y luchas se iban diseminando rápidamente por doquier. La guerra había sido decretada y lanzada en gran escala; esta guerra no sólo fue librada con armamentos físicos, sino también con armas psíquicas, acarreando como resultado una terrible destrucción.

* *Voluntad y poder son sinónimos para el producto de la percepción. Ver capítulo IV.*
† *Nota anterior.*

Eventualmente, el Emperador Blanco y su grupo de consejeros Toltecas fueron expulsados de la Ciudad de las Puertas de Oro, mientras que los brujos colocaban a uno de sus representantes en el trono.

Tanto el Emperador Blanco, como sus consejeros y muchos de los reyes estaban suficientemente conscientes de la interrelación que presupone la vida, y podían prever las consecuencias de la brujería. Como resultado de estos hechos tomó lugar la gran emigración Tolteca en un intento para salvarse de los desastres que preveían iban a acontecer. Así el Emperador Blanco y sus seguidores comenzaron a moverse hacia el norte de Egipto; y al oeste, hacia Norte y Sud América.

Tal fue el dominio de los Toltecas negros sobre las fuerzas de la naturaleza y tan limitado fue su conocimiento de la interrelación del todo, que no transcurrió mucho tiempo antes que las fuerzas de la naturaleza se desequilibraran a tal extremo de que comenzaron a ocurrir cataclismos naturales.

La primera gran catástrofe ocurrió aproximadamente en 800.000 A.E.C.* El cataclismo de terremotos y maremotos fragmentó el continente principal en muchas islas de diversos tamaños destruyendo la Ciudad de las Puertas de Oro, junto con el Emperador Negro y sus fuerzas. Por un tiempo esta advertencia contuvo a la brujería, pero no pasó mucho tiempo antes que la avaricia empezara a reaparecer, y fue aproximadamente en 200.000 A.E.C. que el segundo gran cataclismo redujo los restos de la Atlántida a dos grandes islas, Daitya y Ruta.

Esta vez la advertencia fue ignorada por mucho tiempo. Los Toltecas en la isla de Ruta, en ese momento desesperadamente adictos a la magia negra, ocasionaron otro cataclismo en 75.000 A.E.C., destruyendo tanto Ruta como Daitya, ocasionando el levantamiento de otra gran isla que llegó a ser conocida como Poseidonis. En 9.564 A.E.C. Poseidonis también encontró su destino al hundirse bajo olas masivas producidas por violentas erupciones volcánicas. Atlántida y sus brujos negros finalmente desaparecieron para siempre.

* *Antes de la era común.*

En varias ocasiones, durante la destrucción del continente madre, los Atlantes que permanecieron vivos emigraron a otras partes del mundo, algunas de estas áreas eran las que habían surgido como resultado de los cataclismos mayores que destruyeron Atlántida.

Los sobrevivientes en general, guiados por sus reyes y sacerdotes Toltecas, no corrieron muy buena suerte. Algunos, sin embargo, consiguieron encontrar tierras donde asentarse y hasta prosperar. Entre aquellas dinastías que se destacaron por su prosperidad se encontraban la de los Egipcios, los Caldeanos, los Peruanos, los Accadianos, los Tibetanos, y en menor medida varios grupos menores esparcidos por todo Europa, Asia y África.

No es el propósito de este libro dar recuentos detallados de toda esta serie de linajes, sino el de indicar cómo los Toltecas se *han diseminado* por todo el planeta. Hasta el día de hoy, los Toltecas continúan dispersos por todo el mundo, consecuentemente algunos de los linajes han logrado sobrevivir los rigores de los siglos posteriores.

Con el paso del tiempo, la mayoría de los linajes más débiles perdieron a sus reyes y sacerdotes Toltecas, fuese ya, por guerras o por causas naturales. Debido a la carencia de descendientes de aquellos videntes, la gente empezó a caer en una ignorancia barbárica. Sucedió exactamente lo mismo con los linajes más fuertes, y con el tiempo ellos también se fueron empobreciendo.

El número de verdaderos videntes decreció rápidamente puesto que se hizo cada vez más difícil encontrar y entrenar sucesores. Las habilidades atávicas de los videntes originales empezaron a desaparecer dado al continuo desarrollo de la mente racional. Este desarrollo de la mente racional se había hecho imprescindible para ganar más conocimiento de lo abstracto, de la materia y de las fuerzas de la dualidad.

Cuando Poseidonis encontró su fin, sólo quedaba un puñado de verdaderos videntes en el mundo, y con el tiempo éstos también fueron desapareciendo. Este hecho significó que casi todos los descendientes de los Toltecas, aunque plenos de gran conocimiento y capaces de gobernar, ya no eran considerados videntes.

Esta falta de videntes representó obviamente, un serio obstáculo. En un esfuerzo por recuperar las habilidades de sus antepasados, los Toltecas hicieron uso de su conocimiento acerca de plantas medicinales y drogas para lograr *ver.* En cierta forma, las drogas tuvieron su éxito, pero el costo sufrido por el cuerpo y el cerebro bajo el uso continuo de estas plantas, pronto denotó ser más adverso que los beneficios obtenidos. Aun así, los Toltecas no contaban con ninguna otra alternativa para *ver*, y aunque el ritmo de mortalidad, locura y fracaso siguió escalando, ellos continuaron con sus experimentos en vana desesperación.

Esta época resultó, sin duda, ser oscura y terrible, obligando a los Toltecas a enfrentarse con los duros hechos de la vida en el plano físico. Sumado a esto, se vieron sin otra opción que pagar el alto precio de las consecuencias ocasionadas por el inevitable desarrollo de la mente racional. Aunque los Toltecas habían perdido su habilidad atávica, por primera vez tuvieron la oportunidad de descubrir en qué consistían esas habilidades, y exactamente cómo funcionaban en la práctica.

No fue hasta mucho tiempo después que los Toltecas pudieron apreciar en retrospectiva qué beneficiosa había resultado esa época de oscuridad, ya que fue en este período de lucha constante y fracaso que aprendieron a ver introspectivamente en lo profundo de ellos mismos y encontrar ahí facultades que nunca supieron que poseían. Sin darse cuenta en ese momento, los Toltecas habían dado un paso enorme en su desarrollo y, adicionalmente, habían definido uno de los fundamentos del camino Tolteca, es decir, que *un guerrero vive basándose en desafíos.*

Conforme pasó el tiempo, los Toltecas se hicieron más selectivos en su uso de drogas, y así incrementaron su pericia. La cantidad de fracasos y mortalidad empezó a declinar, mientras que el número de videntes comenzaba a incrementar. En este preciso tiempo, los Toltecas fueron enfrentados con otro problema, uno tan sutil que no lo identificaron hasta que resultó ser muy tarde.

Los Toltecas se habían obsesionado con su deseo por *ver* a tal punto que ver se había convertido en algo más importante que el conocimiento de sí mismos. Con esta obsesión, la sobriedad de su conocimiento anterior rápidamente fue reemplazada por la misma arrogancia y soberbia personal que había sido la ruina de los brujos de Atlántida. La magia negra había una vez más asomado su cabeza y ahora el resto de los Toltecas iba a sucumbir a la brujería. Esta es la era que Carlos Castaneda describe en sus libros como la de los Antiguos Videntes.

Al haber encontrado nuevamente su habilidad para *ver*, los Antiguos Videntes comenzaron a revivir la mayoría de las viejas prácticas, y no les tomó mucho tiempo el volver a instituir los rituales y sortilegios que habían sido el conocimiento especializado de los brujos de Atlántida.

Estos rituales permitieron a los Antiguos Videntes manipular su conciencia de tal manera que pudieron lograr lo que ahora llamamos *estados alterados de percepción*. Usando estos rituales y entrando en diferentes estados de conciencia, los Antiguos Videntes aprendieron mucho, no sólo acerca de sí mismos, sino de otras formas de vida que comparten el planeta con el hombre, tanto con funciones de vida orgánica* como inorgánica†. Como sus predecesores los Atlantes, los Antiguos Videntes demostraron ser extraordinariamente sagaces recopilando hechos e información. Como su concepto de importancia personal era tan grande, lamentablemente usaron este conocimiento para dominar y manipular a todos y a todo lo que lamentablemente atrajera su atención.

Durante este periodo de la historia Tolteca, los Antiguos Videntes se restablecieron en cofradías muy similares al sistema de clanes o gremios usados en la antigua Atlántida. Estos gremios eran tan poderosos que invariablemente dominaban hasta a los líderes, ya fuesen reyes o emperadores. Lo mismo sucedía en otras partes del mundo.

A este respecto, debe darse a entenderse que la civilización Tolteca en el Valle de México, descrita por Carlos Castaneda, fue una entre muchas otras civilizaciones posteriores. Históricamente, éste fue el único linaje que usó el nombre Tolteca pero, como fue explicado previamente, todas las civilizaciones del mundo entero, sin importar sus nombres, tuvieron raíces en las

* *Formas de vida que tienen funciones biológicas.*
† *Formas de vida que no tienen funciones biológicas.*

migraciones de los Toltecas desde Atlántida. Por lo tanto, en el núcleo de todas estas civilizaciones había sacerdotes – videntes entrenados en la tradición Tolteca. Como resultado de esta herencia y tradición común, y a pesar del hecho de que las fechas varían enormemente entre una civilización y la siguiente, el conocimiento Tolteca en todo el mundo se desenvolvió en un molde más o menos idéntico.

Los Antiguos Videntes reinaron por un largo periodo, durante el cual continuaron amasando una vasta información acerca de la manipulación de la conciencia, pero utilizaron este conocimiento para fomentar la magia negra. Muchos de los rituales y conjuros encontrados en el mundo actual son versiones derivadas de las técnicas que fueron usadas en algún momento por estos Antiguos Videntes.

La brujería floreció y muchos de estos Antiguos Videntes continuaron existiendo hasta el advenimiento de Cristo y la Iglesia Cristiana, y algunos aun más allá. Fue a raíz de estas prácticas inescrupulosas y de los objetivos indeseables de estos Antiguos Videntes que la Iglesia Cristiana comenzó su persecución del paganismo.

Sin embargo, no fue sólo la Iglesia Cristiana, como comúnmente se asume, la que produjo la caída de los Antiguos Videntes. Hasta en la ausencia de los cristianos, los Antiguos Videntes frecuentemente se encontraron a la merced de otros conquistadores. La razón de ese hecho se halla en que aunque los Antiguos Videntes se habían hecho tan poderosos como sus predecesores los Atlantes, todavía contaban con una seria desventaja la cuál no habían logrado superar.

Esta desventaja era el hecho de que los Antiguos Videntes no podían manejar enteramente la *fuerza de voluntad* con la misma facilidad que los antiguos Atlantes. Este factor fue una gran bendición, ya que si los Antiguos Videntes hubiesen conquistado la *fuerza de la voluntad*, los males de Atlántida hubieran sido repetidos, puesto que los Antiguos Videntes, sin duda alguna, hubieran desencadenado sobre sus enemigos la fuerza completa de su conocimiento con un impacto total.

Fue esta inhabilidad de comandar la *voluntad*, la que salvó al mundo de otra guerra psíquica que inevitablemente hubiera traído la destrucción de los Antiguos Videntes. Los rituales de los Antiguos Videntes eran tan poderosos como engorrosos y muy difíciles de poner en practicar. Cuando eran físicamente confrontados por sus enemigos, la falta de tiempo necesario para recitar sus encantamientos y llevar a cabo sus rituales hacían que los Antiguos Videntes quedasen tan indefensos como la gente a la cual gobernaban.

Durante estos tiempos difíciles, y especialmente durante la persecución del paganismo por la Iglesia Cristiana, algunos de los Toltecas más visionarios se separaron de sus antiguas tradiciones y comenzaron a analizar su situación en el mundo. Estos fueron los Toltecas que marcaron la era que Carlos Castaneda tituló la era de los Nuevos Videntes.

Los Nuevos Videntes podían ver claramente las desventajas de los largos y engorrosos rituales. Pero lo más importante, era el hecho de que podían ver la futilidad de tratar de controlar y manipular a otros, dada la continua lucha que inevitablemente esto acarreaba. Este cisma en la tradición Tolteca fue el evento más importante de su historia, puesto que constituyó un punto clave en su conocimiento y proveyó la llave mágica que los Toltecas habían estado buscando desde la destrucción de Atlántida.

Como ya ha sido mencionado, los Antiguos Videntes tenían suficiente conocimiento y habilidad para manejar la conciencia de sus víctimas, y así lo hicieron, sin escrúpulos. El hecho de que la conciencia pueda ser manipulada es un principio de vital importancia en el conocimiento Tolteca, pero el hombre hoy día es generalmente escéptico acerca de esta verdad. Aunque las artes como la telepatía y la hipnosis han hecho mucho por erradicar este escepticismo, el hombre todavía encuentra difícil creer que alguien pueda manipular su conciencia sin su consentimiento o conocimiento. No obstante, esto es exactamente lo que los Antiguos Videntes eran capaces de hacer.

Hoy día los Toltecas ya no se adhieren a las interminables técnicas de los Antiguos Videntes, pues aunque estas técnicas aun constituyen poderosas herramientas, ya han sobrevivido a su propósito. Sin embargo, a pesar del hecho que los actuales Toltecas no aprecian este aspecto de su herencia, estas técnicas todavía forman parte integral de su conocimiento por virtud de tradición.

Otro hecho importante que debe ser enfatizado es que, el conocimiento Tolteca, por una peculiaridad de esta tradición, nunca ha sido y nunca será perdido. Este siempre ha constituido uno los puntos fuertes de los Toltecas, puesto que el conocimiento acumulado ha sido el principal medio para la adquisición de *poder*. Sin embargo, para los Antiguos Videntes, como hemos visto, este conocimiento fue también su debilidad. Precisamente esta parte de la tradición Tolteca fue la que siempre los tentó a retornar a la práctica abominable de los brujos Atlantes. En su arrogancia y vanidad, los Antiguos Videntes aspiraron a un tipo de poder que era abusivo y, aunque en algunos aspectos sería exagerado tildarlos de perversos, en otros aspectos lo era verdaderamente.

Uno de los mayores errores que los Antiguos Videntes cometieron, fue el no hacer su conocimiento más eficiente y práctico para su uso en el plano físico. En cambio, debido a su interés personal, su obsesión con el poder, y sus métodos para manipular la conciencia se hicieron cada vez más complejos y carentes de practicidad. Además, los Antiguos Videntes eran demasiado holgazanes para disciplinar su vasto y creciente conocimiento. Eventualmente, llegó un momento en que no podían distinguir una cosa de la otra. La importancia personal había mermado su fuerza, de tal forma que, aunque tenían un conocimiento muy extenso, el mismo caos evitó que pudieran utilizarlo en una forma eficiente.

Hoy día hemos dejado de condenar las aberraciones de los Antiguos Videntes, pero no debemos dejar de reconocer que fueron éstos los que descubrieron hechos asombrosos acerca de la conciencia – conocimiento sin en cuál la tradición Tolteca se vería sumamente empobrecida.

Los Nuevos Videntes se enfrentaron con la tarea de hacer un recuento de su tradición tan sobrecargada y reevaluar su vasto legado de conocimiento. La experiencia mostraba que los Antiguos Videntes habían divagado mucho, pero, tan vasto era su conocimiento en ese momento y tan caótico, que ninguno de los Nuevos Videntes estaba seguro de lo que era realmente valioso y lo que no lo era. La única acción lógica a tomar era partir de la hipótesis de que todo lo que sus predecesores habían formulado era discutible, y empezar a clasificar la inmensa cantidad de conocimiento accesible a ellos. Esto marcó el fin del caos y el inicio de un muy necesitado orden y sensatez.

Descartando las teorías que los Antiguos Videntes habían formulado y mantenido los hechos fundamentales de sus conocimientos, los Nuevos Videntes comenzaron a buscar maneras prácticas de aplicar esas enseñanzas. Consecuentemente, lograron condensar gran parte de su herencia en unos cuantos conceptos fundamentales que pudieran ser aplicados prácticamente.

El primero de estos conceptos tenía que ver con lo que los Antiguos Videntes llamaban el *Águila*. En sus intentos de indagar el propósito de la existencia, los Antiguos Videntes lograron *ver* la fuente de la vida, que cuando se interpreta con la mente racional se asemeja a un águila blanca y negra. Así los Antiguos Videntes metafóricamente llamaron a esta fuente, el Águila.

Ver el Águila fue un acto que costó a muchos de los Antiquos Videntes su cordura, su vida o ambos. Sin embargo, al ver* concluyeron que el propósito de la existencia era incrementar la calidad de la conciencia. Este descubrimiento ha resultado invaluable y fundamental en todo lo referente a lo practicado en la actualidad. Los Antiguos Videntes lograban *ver* que era el Águila quién dota a todos los seres con conciencia a la hora del nacimiento y la que reclama esta conciencia en el momento de la muerte, conciencia enriquecida por las experiencias del ser durante su vida. Los Antiguos Videntes dedujeron que el Águila se alimentaba de la conciencia y por lo tanto, el único propósito de la existencia era continuar reciclando la conciencia hasta extraerle todo su potencial latente.

Es importante tomar en consideración que, lógicamente dicha Águila no existe como tal, y que no hay nada visual en la incomprensible fuente de la vida. No obstante, hasta un vidente está sometido a las condiciones de la mente racional, que por naturaleza debe interpretar las cosas; y el resultado de tal interpretación es el impacto visual del Águila.

El universo manifestado es una infinidad, más allá de nuestra comprensión del tiempo y del espacio. Debido a su tamaño y complejidad no puede ser comprensible en función de palabras o conceptos mortales. No es Dios, puesto que Dios es parte de lo que conocemos. Las iglesias, los ministros de la religión, y hasta otras personas, están tratando constantemente de describirnos a Dios, por lo tanto, Dios se convierte en algo dentro del alcance de las palabras, dentro de la esfera conceptual. Pero más allá de las palabras, más allá de las descripciones, más allá de los conceptos, yace aquello indescriptible, incomprensible que es lo que constituye la Nada*, que sólo puede ser denominado lo Indecible†.

Este fue otro error de parte de los Antiguos Videntes. En su arrogancia, nunca se detuvieron a considerar que casi todo lo que constituye el universo manifestado es completamente incomprensible e incognoscible dentro de la estructura de nuestra condición humana. Los Nuevos Videntes corrigieron este error identificando los tres diferentes niveles de conciencia.

El primero de estos niveles lo llamaron *lo conocido,* que consiste en todo lo que el ser humano puede registrar en su estado normal de conciencia. El segundo nivel, llamado *lo desconocido,* es un área verdaderamente vasta y misteriosa, pero que puede y efectivamente se hace conocida de forma gradual y secuencial, mientras el vidente avanza en su habilidad para verla. El tercer nivel, llamado *lo inconocible* un nivel de conciencia que nunca puede ser conocido al hombre mientras éste retenga su humanidad. Entrar en *lo inconocible* es perder nuestra humanidad, que fue el motivo por el cual tantos Antiguos Videntes perdieron su cordura.

A través de las generaciones, los Antiguos Videntes habían acumulado una vasta cantidad de hechos acerca de la conciencia,

* *Ninguna cosa.*
† *Que no se puede decir o explicar.*

los cuales nunca fueron formulados dentro de una estructura ordenada. Al mismo tiempo que los Nuevos Videntes comenzaron a reorganizar estos hechos, emergió otro conjunto de conceptos muy importantes y ambos fueron condensados en un conjunto de preceptos llamados las *Verdades de la Conciencia*. Estos preceptos fueron considerados primordiales para su entendimiento, y hasta el día de hoy estas *verdades* forman la base de las Enseñanzas Toltecas.

Casi todas las Verdades de la Conciencia están basadas en el *acto de percepción* y en la forma en que éste toma lugar. Los Nuevos Videntes encontraron que todo el misterio de la percepción puede ser resumido adecuadamente en los siguientes nueve preceptos:

1. *El universo consiste en un número infinito de campos de energía que se asimilan a hilos de luz.*

2. *Estos campos de energía filiformes irradian de una fuente de dimensiones inimaginables, metafóricamente llamada el Águila. Como tales, estos campos de energía son llamados Emanaciones del Águila.*

3. *Asimismo, los Seres Humanos están compuestos de un mismo número infinito de campos de energía filiformes, que se manifiestan en forma de un huevo luminoso. La altura de este huevo es igual a lo largo del cuerpo de un hombre con los brazos completamente extendidos sobre su cabeza en el eje vertical, y el ancho del huevo, es igual al ancho de los brazos del hombre extendidos hacia fuera desde el centro de su cuerpo sobre el eje horizontal. Este huevo es conocido como la "cápsula del hombre."*

4. *Sólo un grupo pequeño de campos de energía dentro de la cápsula está iluminado por un punto brillante de luz localizado en la superficie de la misma.*

5. *La percepción toma lugar cuando los campos de energía que son iluminados por el punto de luz iluminan los correspondientes campos de energía fuera de la cápsula.*

Este punto de luz es llamado el punto donde la percepción se ensambla, normalmente llamado el punto de ensambladura.

6. Es posible mover el punto de ensambladura a cualquier posición en la superficie de la cápsula, o incluso a su interior. Puesto que el punto de ensambladura ilumina cualquier campo de energía con el cuál entra en contacto, los nuevos campos de energía que ilumina como resultado de tal desplazamiento constituyen, por lo tanto, una nueva percepción. Es este nuevo nivel de percepción lo que es conocido como ***ver****.*

7. Cuando el punto de ensambladura se desplaza lo suficientemente lejos, se percibe un mundo totalmente nuevo, que es tan real como el que el hombre normalmente observa.

8. Hay una misteriosa fuerza llamada ***intento*** *que existe en todo el universo. Esta es esta fuerza que produce la percepción, puesto que el* ***intento*** *es el que, en primer lugar alinea los campos de energía y en segundo lugar causa la conciencia de la alineación.*

9. La meta de los guerreros es experimentar todas las posibles percepciones accesibles al hombre. Esto constituye lo que es conocido como la ***Conciencia Total****, que tiene inherente dentro de sí una forma alternativa de morir.*

Para poder *ver*, los Antiguos Videntes tuvieron que utilizar alucinógenos para mover sus puntos de ensambladura, pero los Nuevos Videntes se percataron que esto era tan poco práctico como los rituales de los Antiguos Videntes. Se necesitaba sobretodo maneras prácticas para mover el punto de ensambladura, y para encontrarlas los Nuevos Videntes empezaron a estudiar este punto a través de la *videncia*, aunque al principio debiesen de usar drogas. Esta investigación resultó tener sus frutos, puesto que no sólo encontraron las técnicas necesarias para permitirles mover el punto de ensambladura, sino que descubrieron el misterio de la fuerza de voluntad.

Los Antiguos Videntes conocían la misteriosa fuerza que sus predecesores Atlantes habían usado con tanta facilidad. Por medio de la observación, ellos también sabían que esta fuerza existía en toda la naturaleza y que se manifiesta en el universo. Los Antiguos Videntes llamaron a esta fuerza *poder*, pero nunca la entendieron o lograron descifrar como saber usarla.

Los Nuevos Videntes descubrieron que esta misteriosa fuerza es de hecho la *energía de la alineación*, es decir, la fuerza que se libera cuando los campos de energía dentro de la cápsula se alinean con los campos de energía fuera de ésta. Los Nuevos Videntes llamaron a esta fuerza *voluntad*, y la definieron como "un continuo flujo de energía que puede ser guiado por el *intento* del *vidente*."

Los nuevos videntes también descubrieron que la *voluntad* es la fuerza que nos hace comportar de la manera que lo hacemos cuando percibimos. Por lo tanto, es esta fuerza la que determina nuestra percepción del mundo. Consecuentemente, es la *voluntad* la que fija el punto de ensambladura en el lugar exacto donde está localizado. Aquí es importante entender que, aunque hay una zona definida donde el punto de ensambladura puede ser encontrado, la posición exacta es producida por la acción habitual y la repetición. Los hábitos, obviamente, varían entre un individuo y otro, y por esta razón, no hay dos personas que tengan su punto de ensambladura exactamente en la misma posición.

El punto de ensambladura del hombre está habitualmente localizado en la superficie de la cápsula, aproximadamente opuesto al punto entre los hombros. En el desarrollo de un niño normal, el infante primero aprende dónde parece más apropiado poner el punto de ensambladura y después lo fija por medio de la repetición. Esta repetición es inicialmente dictada por el estímulo de los adultos y luego por el diálogo interno habitual. Los Toltecas hoy día saben que el hombre sólo puede mantener su visión del mundo confirmando esta visión constantemente a sí mismo por medio de su diálogo interno. Esto significa que el mundo siempre aparenta ser exactamente lo que el hombre afirma a sí mismo que es.

El aspecto más importante del conocimiento Tolteca es que una vez que el diálogo interno ha sido interrumpido, el punto de ensambladura se encuentra libre para moverse. Esto permite al hombre experimentar estados alterados de percepción espontáneamente, aquí yace la llave mágica que los Antiguos Videntes habían buscado tan fervorosamente. Si se hubieran percatado que el único valor verdadero en sus rituales yacía en la habilidad para mover su punto de ensambladura, los Antiguos Videntes pudieron haber descubierto esta clave, y también el secreto de la *voluntad o del poder*.

Con esta información, el conocimiento Tolteca se transformó, y los Nuevos Videntes se concentraron en corregir los errores de sus predecesores.

Para mover el punto de ensambladura, los Nuevos Videntes definieron tres técnicas importantes basadas en las nueve *Verdades de la Conciencia*. La primera técnica se llama el *Arte del Acecho*, la segunda el *Arte del Ensueño* y la tercera la *Maestría del Intento*. De estas tres técnicas evolucionaron tres diferentes zonas de actividad, las cuales el aprendiz debe manejar con total conocimiento si quiere lograr convertirse en un Tolteca – es decir, el *Arte del Acecho*, la *Maestría de la Conciencia* y la *Maestría del Intento*. En este esquema, el Arte del Ensueño es incorporado en la Maestría del Intento y se usa sólo con el fin de desplazar el punto de ensambladura para lograr estados alterados de percepción.

Estas tres zonas de actividad han sido definidas tradicionalmente como los tres acertijos que deben enfrentar y cumplir los guerreros en su camino por la Senda del Poder. El Arte del Acecho se llama el *acertijo del corazón*. Se describe el desconcierto que los guerreros experimentan cuando llegan a comprender que, primeramente, el mundo parece ser lo que es sólo porque estamos guiados por nuestra percepción; y segundo, si una diferente percepción se aplicase a ese mundo, entonces nuestra visión de éste, que parece tan inviolable, cambiará dramáticamente. La Maestría de la Conciencia se denomina el *acertijo de la mente*. Esta es la realidad ilimitada que los guerreros perciben cuando se dan cuenta del incomprensible misterio y alcance de la conciencia del hombre. La Maestría del Intento es el *acertijo del espíritu del hombre*. Es la máxima paradoja, la habilidad del hombre al proyectar sus acciones físicas, emocionales y mentales, más allá de la comprensión humana.

En lo que se refiere al proceso del aprendizaje, el descubrimiento más importante de los Nuevos Videntes, aunque ya descubierto por los Antiguos Videntes, fue que el hombre posee dos tipos de conciencia, que se denominan los lados *derecho e izquierdo* del hombre. El lado derecho es el pensante, lógico, racional de la mente del hombre. En este lado, todo el conocimiento fluye de un modo lineal y secuencial. El lado izquierdo, en contraposición, es el del sentimiento, del lado irracional de la mente del hombre que opera independiente de cualquier progresión lógica o lineal de padrones de pensamiento secuenciales. La mejor forma de entender el lado derecho con relación al izquierdo es considerar un ejemplo de cada uno.

Consideremos una mujer que recibe una llamada telefónica informándole que su hijo ha sufrido un accidente. En su lado derecho la madre experimenta más o menos lo siguiente:

El teléfono suena y la madre contesta sin esperar nada adverso. Cuando le informan del accidente, primero experimenta conmoción y miedo, después preocupación por la seguridad de su hijo. Una multitud de preguntas fluyen por su mente, una detrás de la otra: "¿Estará herido? ¿Adónde está? ¿Qué sucedió? ¿Estará en el hospital?"

Esta es una reacción simplificada, sin embargo, típica de una cadena de pensamientos. Pero, si la madre hubiera sido capaz de registrar su experiencia del lado izquierdo, su reacción hubiera sido completamente diferente y más o menos de la siguiente manera:

Antes de que su hijo dejara el hogar esa mañana, la madre experimentó un sentimiento inquietante respecto a la seguridad de éste, y aunque no había razón lógica para sentirse incómoda, no podía librarse de este sentimiento. A mediodía, repentinamente experimenta un sentimiento de alarma. En ese momento, siente la presencia de su hijo y puede sentir que está profundamente afligido. La madre no se detiene a preguntar la razón, sino que, instintivamente se dirige hacia el teléfono, preguntándose cómo contactar a su hijo o a alguien que la pueda tranquilizar. Antes de llegar al teléfono, éste suena, y mientras recoge el auricular un escalofrío corre por su espina dorsal, puesto que sabe que va a oír que su hijo ha tenido un accidente. Mientras contesta el teléfono, la madre sabe que no está seriamente herido, sino algo traumado.

Considerando estos dos ejemplos, es fácil ver la diferencia entre el lado derecho y el izquierdo. El derecho es la reacción racional a la evidencia concreta que inicia una secuencia de pensamientos lógicos; el izquierdo es un sentimiento irracional que no tiene nada que ver con la lógica o evidencia concreta. Sólo más tarde se verán tales sentimientos irracionales corroborados por la evidencia necesaria. Al tratar de entender estos conceptos es importante darse cuenta que el término "lado derecho" y "lado izquierdo" es usado para la cápsula luminosa del hombre y no para los hemisferios derecho o izquierdo del cerebro y sus respectivas funciones.

Los Antiguos Videntes llamaron al lado izquierdo *conciencia acrecentada*, y puesto que la ausencia de pensamiento lógico incrementa la claridad, acostumbraban a forzar a sus aprendices a entrar en este estado para que así pudieran alcanzar el nivel de concentración necesario para aprender brujería. La única justificación para este método de enseñanza yace en el hecho de que el aprendiz experimenta gran dificultad para recordar las enseñanzas comunicadas mientras está en estado de *conciencia acrecentada*. Esta falta de memoria crea un nuevo obstáculo, ya que antes que el aprendiz pueda utilizar su conocimiento, debe esforzarse para recordarlo. Tal lucha, generalmente, lleva años y como consecuencia de ello, cuando el aprendiz recuerda las enseñanzas, *ya se habrá sometido completamente a ellas*.

Hoy día, los Toltecas tienen una visión diferente, ya que ahora sabemos que el hombre aprende en ambos niveles simultáneamente. Sin embargo, aprender y recordar lo que hemos aprendido requiere energía, lo cual crea un problema ya que la vasta mayoría de las personas no tienen suficiente energía para registrar lo que aprenden en ambos lados.

Algunas veces la energía de una persona está a un nivel tan bajo que no puede siquiera recordar lo que ha aprendido en el lado derecho, mucho menos el lado izquierdo. Por una peculiaridad de la conciencia, el lado derecho siempre toma precedencia sobre el izquierdo. Toda nuestra energía accesible es utilizada primero, para registrar y segundo, para recordar el lado derecho. Sólo la energía sobrante se usa para el lado izquierdo.

En el esquema de enseñanzas usado hoy en día, los aprendices muy raras veces son forzados a estados acrecentados de conciencia, simplemente porque el factor tiempo involucrado en recordar es muy costoso. Desde el primer día de su entrenamiento, a los aprendices se les da instrucciones que les permiten lograr un movimiento espontáneo y natural en la conciencia acrecentada. Aunque al principio estos movimientos son ínfimos, el aprendiz pronto aprende a ganar efectividad en este arte. Consecuentemente, a medida que el aprendiz aprende a moverse más profundamente en la conciencia acrecentada, la complejidad en la instrucción se incrementa.

Existen dos grandes ventajas en este nuevo método: primero, que el aprendiz aprende desde el comienzo a manejar su propia conciencia, y segundo, que el tiempo utilizado en recordar se reduce.

Esto delinea brevemente el nuevo enfoque y el esquema de enseñanza de los Nuevos Videntes construido alrededor del conocimiento heredado de su tradición. El trabajo de los Nuevos Videntes empezaba a tener efecto cuando la Iglesia Cristiana comenzó su larga persecución del paganismo.

Dicha persecución, no obstante, proveyó a los Nuevos Videntes con una oportunidad sin paralelos para perfeccionar sus habilidades hasta convertirlas en instrumentos de gran precisión. Errores y técnicas descuidadas, lentitud en el aprendizaje o incompetencia de individuos resultaban en tortura y hasta en muerte en manos de sus perseguidores. Este fue un periodo inflexible en la historia de los Toltecas, forzados a obtener la mayor excelencia de aprendizaje. Sin embargo, la persecución en casi todas las partes del mundo fue tan devastadora que los Toltecas, sin excepción, debieron tomar decisiones de largo alcance.

A fin de poder sobrevivir durante los siglos subsiguientes, los Toltecas de todo el mundo decidieron dispersarse. Como resultado, cada líder se disoció del resto de las unidades, como así también de su propia unidad. Esto resultó ser un movimiento drástico que no sólo produjo la introducción de diferentes linajes, sino que también motivó, por primera vez en la historia Tolteca, el desarrollo separatista del conocimiento.

Este movimiento y sus efectos han llegado a ser conocidos como la Doctrina del Desarrollo Separado. El efecto desencadenado fue de tan largo alcance, que hoy día toda unidad Tolteca existe en confinamiento solitario, oculta de la mirada pública. Aparte de un enlace mental telepático que todavía existe entre casi todos los líderes Toltecas, la comunicación entre una unidad y otra es nula. No obstante, este enlace mental es de una naturaleza tan tenue que no es posible para el usuario establecer la identidad personal o la localización física de *su* colega.

Si se quiere asimilar el desarrollo histórico de la tradición Tolteca en su totalidad, se debe comprender otro aspecto de su conocimiento. El nuevo método de enseñanza que hoy se utiliza posee la ventaja de permitir que se imparta una instrucción adecuada a ciertos "nuevos" tipos que ahora se están encarnando. Este punto es mencionado aquí como mera información, no obstante, aun no ejerce ninguna influencia sobre la mayoría de los aprendices.

Estos llamados nuevos *tipos* son hoy día extremadamente raros. Son Toltecas que han recibido un entrenamiento altamente especializado en una encarnación anterior y el *poder* que ejercen es de una calidad sumamente diferente de aquella generalmente conocida. Estos Toltecas han sido nombrados como los Guerreros de la Tercera Atención.

Es necesario aclarar el hecho de que todos los Toltecas no son iguales, para evitar confusiones en el futuro. Los Toltecas son clasificados en tres distintas categorías, llamadas *cortes*, dependiendo de su nivel de entrenamiento y pericia. La primera categoría o *corte externa*, está compuesta de los que son llamados *Guerreros de la Primera Atención*; la segunda, o *corte interna*, son los *Guerreros de la Segunda Atención*; y la tercera, o el *Sanctum Sanctorum* corresponde a los *Guerreros de la Tercera Atención*.

Estas tres cortes no se deben confundir con lo que se conoce como las tres etapas en el desarrollo del guerrero, a saber: el *cazador*, el *guerrero* y el *hombre de conocimiento*. Estrictamente hablando, estas tres etapas tienden a superimponer el alcance de las cortes. Por lo tanto, pasando por estas tres etapas, el aprendiz se convierte en un Tolteca de la Primera Atención y de ahí se gradúa al nivel de la Segunda Atención y finalmente a la Tercera Atención.

Este entrenamiento es algo que normalmente no es posible en el transcurso de una vida. Por lo tanto, los Toltecas en todo el mundo se han movido progresivamente hacia delante a través de las cortes, algunos individuos más rápidamente que otros, invariablemente se convirtieron en líderes. Por ejemplo, los Antiguos Videntes eran predominantemente Guerreros de la Primera Atención, pero tenían entre ellos líderes de la Segunda Atención que les definían el curso de acción a seguir. Los Nuevos Videntes eran, Guerreros de la Segunda Atención, y a su vez tenían líderes *que comenzaban a manejar la Tercera Atención*.

Estos tres niveles de habilidad, o cortes, se entenderán mejor cuando las tres etapas, en el entrenamiento de un aprendiz, sean vistas como componentes de un todo.

Cada aprendiz comienza su entrenamiento en un estado de conciencia normal, llamada de la Primera Atención. Estas enseñanzas se encuentran al alcance de todo el mundo, al nivel del hombre común de la calle, e incluye la aplicación teórica y práctica de todos los conceptos básicos que conciernen a la obtención del conocimiento o *poder personal*.

Este entrenamiento cubre todos los aspectos de la Tradición Tolteca conocido como las enseñanzas enfocadas *hacia el lado derecho*, y es generalmente asimilado con relativa facilidad, puesto que está dirigido a la mente racional. Esta sección de las enseñanzas es conocida como la *Senda del Cazador*. La pericia en llevar a cabo la instrucción dada en esta sección, junto con la habilidad de mover el punto de ensambladura, le concede al aprendiz el título de Guerrero de la Primera Atención.

Paralelamente a este entrenamiento se encuentra la sección de las enseñanzas que trata con la conciencia desde el ángulo de conciencia acrecentada o, más exactamente, de la Segunda Atención. En esta sección, al aprendiz se le manipula constantemente para que haga variar el punto de ensambladura hacia el lado izquierdo de su conciencia y mientras permanece en este estado, se le hace examinar todo lo que ha aprendido en su conciencia normal.

En esta sección de entrenamiento, son transmitidos al aprendiz los conceptos de *acecho, ensueño,* e *intento.* Este entrenamiento cubre las técnicas conocidas como la *Senda del Guerrero,* que generalmente prepara al aprendiz para un trabajo más avanzado.

La pericia en ambas, la Senda del Cazador y la Senda del Guerrero, es reconocida con el título de Guerrero de la Segunda Atención. Si además de haber aprendido esta sección de trabajo, el guerrero es capaz de *ver* sin asistencia, recién entonces es considerado como un Tolteca, que, como se recordará, implica ser un vidente, o un hombre de conocimiento.

De este momento en adelante, el guerrero ya no necesita instrucción como tal, porque todo aparece revelado gracias a su poder de visión interna. Sin embargo, cuando se le confiere el título de Tolteca, de acuerdo a la tradición, tal título sólo se justifica como merecedor, cuando el vidente conjuntamente acepta la responsabilidad de dirigir a su gente.

Para el guerrero, habiendo alcanzado este nivel de maestría en su desarrollo, la siguiente sección de su entrenamiento no es instrucción en el sentido normal de la palabra, sino más bien una guía hacia el desenvolvimiento pleno de su *poder* y de su responsabilidad como un ser mágico del universo.

El conocimiento cubierto en esta sección trata principalmente con los estados de percepción alterada y sus usos, junto con los mundos alternativos y los habitantes de esos mundos mientras interactúan con el hombre. En esta parte del entrenamiento los guerreros son guiados a fin de cumplir su verdadera función, como uno de los cuatro diferentes tipos de hombres o de mujeres dentro de una unidad* Tolteca. Son asimismo, instruidos en el propósito y en el destino de la unidad y del grupo† a los cuales pertenecen.

Mientras que el entrenamiento inicial de los guerreros trata principalmente con el desarrollo del *individuo*, esta sección del entrenamiento, tiene que ver con el concepto del *esfuerzo de grupo*. Tiene como base una cooperación inteligente en la orientación de la raza, y la responsabilidad del hombre hacia las otras formas de vida que comparten el planeta con él. La habilidad en esta sección del conocimiento es lo que realmente constituye la *Senda del Los Toltecas*. Es el pináculo de la Senda Tolteca y, si se completa éxitosamente, lleva al guerrero a una encrucijada llamada *La Opción Fundamental*.

La Opción Fundamental involucra que el guerrero tiene que escoger entre dos sendas accesibles a los Toltecas que llegan a este nivel en el desenvolvimiento de su *poder*. Una senda se llama el *Camino de la Libertad*, mientras que la otra se denomina la *Senda de la Gran Aventura*. Esta última senda es la tentación constante de los guerreros, puesto que es una senda brillante y muy atractiva que ofrece a sus seguidores poder deslumbrante y embriagador, pero que no conduce a la libertad del guerrero.

Los seguidores de la Senda de la Gran Aventura desarrollan la Segunda Atención a su más alto potencial, permitiendo a los practicantes alistar la ayuda de entidades inorgánicas, para efectuar transformaciones en el cuerpo humano, y hasta aminorar el proceso de envejecimiento hasta el punto de adquirir una inmortalidad relativa.

Por otra parte, aquellos guerreros que rechazan esos poderes, en vez de tornarse obsesionados por el encanto de la Segunda Atención, continúan en su búsqueda. Con el tiempo, estos

* *Unidad – Este es un término técnico utilizado por los guerreros que trabajaban en el plano físico bajo la guía de un Nagal.*

† *Grupo – La conciencia de la humanidad está dividida en siete diferentes cualidades de conciencia, llamados grupos. Las unidades de guerreros – responden a subdivisiones de estos grupos mayores.*

guerreros se encontrarán entrando en un nivel de conciencia llamado la Tercera Atención. Estos son los guerreros que caminan la Senda de la Libertad, y que también son conocidos como *Guerreros de la Tercera Atención*.

Los Guerreros de la Tercera Atención siempre permanecen dentro de la unidad a la cual pertenecen y continúan el trabajo de investigación que implica la proyección de padrones de pensamiento, la manipulación de la conciencia y la percepción más allá de la comprensión normal de la humanidad. Este es un trabajo orientado exclusivamente al grupo, pero no en el sentido que normalmente se le otorga a éste. Es necesario agregar que, aunque los Guerreros de la Tercera Atención han estado trabajando por mucho tiempo con el conocimiento de que sus poderes no les permite interferir dónde no son llamados a actuar; periódicamente llevaban a cabo tareas voluntarias asignadas a ellos por Aquéllos que han sido llamados los Guardianes de la Raza.

Como ya ha sido mencionado anteriormente, la evolución del mundo en este momento, se encuentra en una encrucijada crucial. La evolución Tolteca se ve enfrentada por la misma crisis, puesto que los desafíos que enfrentan a la humanidad son idénticos a aquellos que encaran los Toltecas. Hoy día, los Guerreros Toltecas de la Tercera Atención aceptan el hecho de que, si la evolución Tolteca va a proceder de acuerdo a las leyes universales, y si los Toltecas van a tomar otra vez su legítimo lugar en la sociedad, la Doctrina de Desarrollo Separado debe ser rechazada. Los Toltecas de todo el mundo deben reunirse, unir su conocimiento y obrar como un todo, *si su intención es concretar su verdadero propósito en el desenvolvimiento del destino planetario.*

De la misma manera, si la prosperidad y paz mundial quieren ser establecidas, la humanidad debe dejar su sectarismo, racismo y segregación y, en vez, adoptar una política universal que unirá a toda la gente del mundo con un conocimiento unificado y un logro humano común.

Esto no significa necesariamente que debe haber un solo gobierno o una sola religión; si no más bien, que la humanidad debe esforzarse por reconocer la interrelación e interdependencia de todas las criaturas y de todo el conocimiento verdadero en sí. Después de todo, sólo hay una humanidad y una verdad. Lo que separa y divide, lo que causa la incomprensión y el odio, es la inhabilidad del hombre de reconocer el hecho de que hay más de una estructura que aquélla a la que uno se ha consustanciado dogmáticamente.

Si el hombre sólo se detuviera a considerar que, tal vez el mundo no es lo que siempre se ha forzado en creer que es, entonces llegará a la realización de que una variedad de creencias religiosas, o diferentes ideologías políticas, no significa que una tenga razón y la otra esté equivocada; si no más bien, que todas contienen una faceta de la verdad global. Una vez que esto haya sido entendido, no es tan difícil ver que todas las facetas son necesarias si la verdad por entero vaya a ser revelada. Entonces, también el concepto de hermandad universal no parecerá tan idealista e inalcanzable.

Los Toltecas siempre han sabido que el entendimiento es relativo al sistema de referencia utilizado. Si éste se altera también lo hará nuestra percepción del mundo y, por lo tanto, de la verdad misma. Después de todo, la única verdad que vale la pena defender y por la cual luchar, es aquella percepción global nacida de la *fluidez* del punto de ensambladura – una *fluidez* necesaria para lograr la *conciencia total*. Este conocimiento altamente especializado es el don que los Tolteca traen a la humanidad y en su experiencia de utilizar este conocimiento radica la esperanza del hombre para una prosperidad futura y un mundo en paz.

Como la experiencia ha demostrado, tal paz no puede ser forzada por tratados políticos basados en promesas vacías. La paz duradera sólo puede ser alcanzada, si es mutuamente aceptada por todos y fundada en el entendimiento universal de la interrelación e interdependencia de todo lo que existe.

Este concepto dista de ser nuevo, puesto que la humanidad ha venido hablando, sin cesar, de la fraternidad universal. Sin embargo, mientras que el hombre se sujete dogmáticamente a la idea de que la realidad del plano físico que se percibe es el único sistema que existe, siempre estará luchando por hacer que su hermano acepte sus puntos de vista, sus creencias, sus ideologías como las únicas correctas.

La Iglesia Cristiana brinda el mejor ejemplo sobre este punto, puesto que aunque sólo hubo un Cristo que trajo un mensaje al mundo, existen, sin embargo, innumerables denominaciones de la Iglesia Cristiana, todas proclamando poseer la única verdad. Cierta similitud ocurre con otras religiones del mundo, especialmente con los movimientos de la Nueva Era y con las escuelas esotéricas de pensamiento. Todo ser humano que en el presente se encuentre en la búsqueda de la verdad, se halla expuesto a las más fantásticas afirmaciones efectuadas por toda una hueste de sectas e individuos que muy inescrupulosamente comercian con la confusión general del hombre.

En vista de lo que ha sucedido con las estructuras religiosas de la humanidad, no es de sorprender que los científicos de todo el mundo se hayan divorciado enteramente de las creencias basadas en pensamientos éticos y religiosos. Sin embargo, aun aquí, los Toltecas pueden ofrecer una preciada asistencia a la ciencia. El conocimiento Tolteca de la psique humana y sus reflejos en el universo y en la naturaleza en general, no ha sido basado en presunciones fortuitas ni en supersticiones. Si la ciencia ortodoxa lo deseara, este conocimiento puede ser corroborado sistemática y científicamente.

Lo mismo se aplica al campo de la medicina, donde es comprensible que la medicina ortodoxa reaccione con indignación frente al abracadabra que, desafortunadamente, es algunas veces asociado bajo el rótulo de medicina alternativa. Esto no significa inferir que la medicina alternativa sea mera tontería, sino que lamentablemente existen demasiadas personas ignorantes que se consideran a sí mismos como curanderos.

Si la humanidad estuviese deseosa de aceptar la interrelación que existe entre todos los seres, al menos como una hipótesis preliminar, la educación automáticamente se beneficiaría con los múltiples cambios necesarios para satisfacer el presente y el futuro de las necesidades humanas.

Sobre este tema, cabe agregar que, el mundo en general debería concentrar su atención en ese incomprendido huérfano del mundo: Sudáfrica, extraño país de gentes diversas, creencias convulsionadas, ideologías políticas conflictivas y variaciones socioeconómicas, que tanto tiempo ha estado tanteando su camino en medio de la oscuridad de los fracasos humanos, y en la desesperación. Irónicamente, es en esa oscuridad donde ha empezado a encontrar la esperanza engendrada por la reconciliación universal y la interdependencia de todas las criaturas. En este país nacerá un nuevo orden de sociedad humana basada en la tolerancia y la aceptación, surgida de gente que finalmente ha llegado a comprender la importancia de cada individuo como una unidad necesaria para el bienestar de un todo. Para el año 2000, será en Sudáfrica dónde el mundo buscará respuestas en lo referente a todos los aspectos de la naturaleza humanitaria.

Sudáfrica, debido a la injusta práctica de la segregación racial, se ha visto enfrentada, cara a cara con el significado de la hermandad y la buena voluntad. A este efecto los Guardianes de la Raza han redoblado sus esfuerzos en las últimas décadas. Por lo tanto, es también en este país donde los Toltecas lanzarán su esfuerzo para reunirse y continuar con su largamente abandonado liderazgo en el pensamiento mundial.

Esto concluye la narrativa del desarrollo histórico del conocimiento Tolteca a través de las eras hasta el tiempo presente, y es de esperar que, por medio del relato, el lector asimile la esencia del trabajo de los Toltecas, al tiempo que marcha por la Senda del Conocimiento.

Si uno fuera a resumir la Senda Tolteca en unas pocas palabras, nunca se le haría justicia, y, sin embargo, uno podría decir que por excelencia es la *Senda del Poder*, que es también la *Senda de la Libertad*. Es la Senda del Poder porque; primeramente, es en este camino donde aprendemos a lograr el *poder* que nos permite darnos cuenta del potencial escondido dentro de nosotros mismos; y segundo, aprendemos a usar ese potencial para despertar dentro de nosotros los formidables poderes de la conciencia y la percepción. Una vez que el misterio de la percepción haya sido entendido y dominado, nuestro poder y habilidad de producir prosperidad y la paz mundial serán revelados.

Es también la Senda de la Libertad, pues en ella aprendemos que tenemos una opción. Podemos, si así lo deseamos, permanecer víctimas de nuestro destino aferrándonos a nuestra única visión del mundo. Alternativamente, podemos expandir nuestra conciencia para incluir todas las percepciones accesibles al hombre para aliarnos con nuestro destino, en cierta manera elevándonos sobre él, y por lo tanto ganando un gran sentimiento de libertad.

Los Toltecas nos enseñan que cada uno de nosotros tiene la habilidad y el derecho de *hacer nuestro comando, el comando del Águila*, puesto que ésta es *la ofrenda del Águila* al hombre. Sin embargo, es raro el hombre que en efecto se dé cuenta que lo único que se requiere de nosotros para aceptar este valioso regalo es el conocimiento y la energía con la cual mover el punto de ensambladura.

En este aspecto, nosotros los que hemos consagrado nuestra alianza con los Guardianes de la Raza para ayudar a mejorar toda vida en este planeta, nos erguimos listos para guiar a la humanidad con nuestra excelencia. Los Toltecas están dispuestos a poner todo su conocimiento al servicio del mundo para que la humanidad pueda beneficiarse de su noble herencia. Durante demasiado tiempo los Toltecas han actuado como los custodios de esta herencia, y como tales, han cargado sobre sus hombros el peso de la responsabilidad de su gente. En el pasado, esto había sido necesario, pero ya no lo es más. La humanidad ha llegado a su madurez, por lo tanto, ha llegado el momento para que el hombre acepte la responsabilidad conjunta en la continuación pacífica y exitosa de toda la evolución de la vida en este magnífico planeta.

Los Toltecas, llevarán a cabo su responsabilidad en revelar estos antiguos misterios a la humanidad como su herencia implica. Este libro representa el primer paso en esa dirección. Ahora es en verdad la *hora del poder* de la humanidad. En este momento, la humanidad debe *asir su fugaz momento de oportunidad*

– una oportunidad que el hombre no debe dejar escapar si efectivamente va a tomar su lugar como el ser mágico del universo que es su patrimonio divino.

Todo esto está de acuerdo con la Ley Divina, la antigua profecía será cumplida.

SEGUNDA PARTE

LAS ENSEÑANZAS: CONCEPTOS FUNDAMENTALES

EL ZORRO

El guerrero reconoce que existen fuerzas superiores que tanto lo guían a él, como a todas las demás criaturas del universo. Esas mismas fuerzas son las que dictan las circunstancias tanto de la vida y como de la muerte.

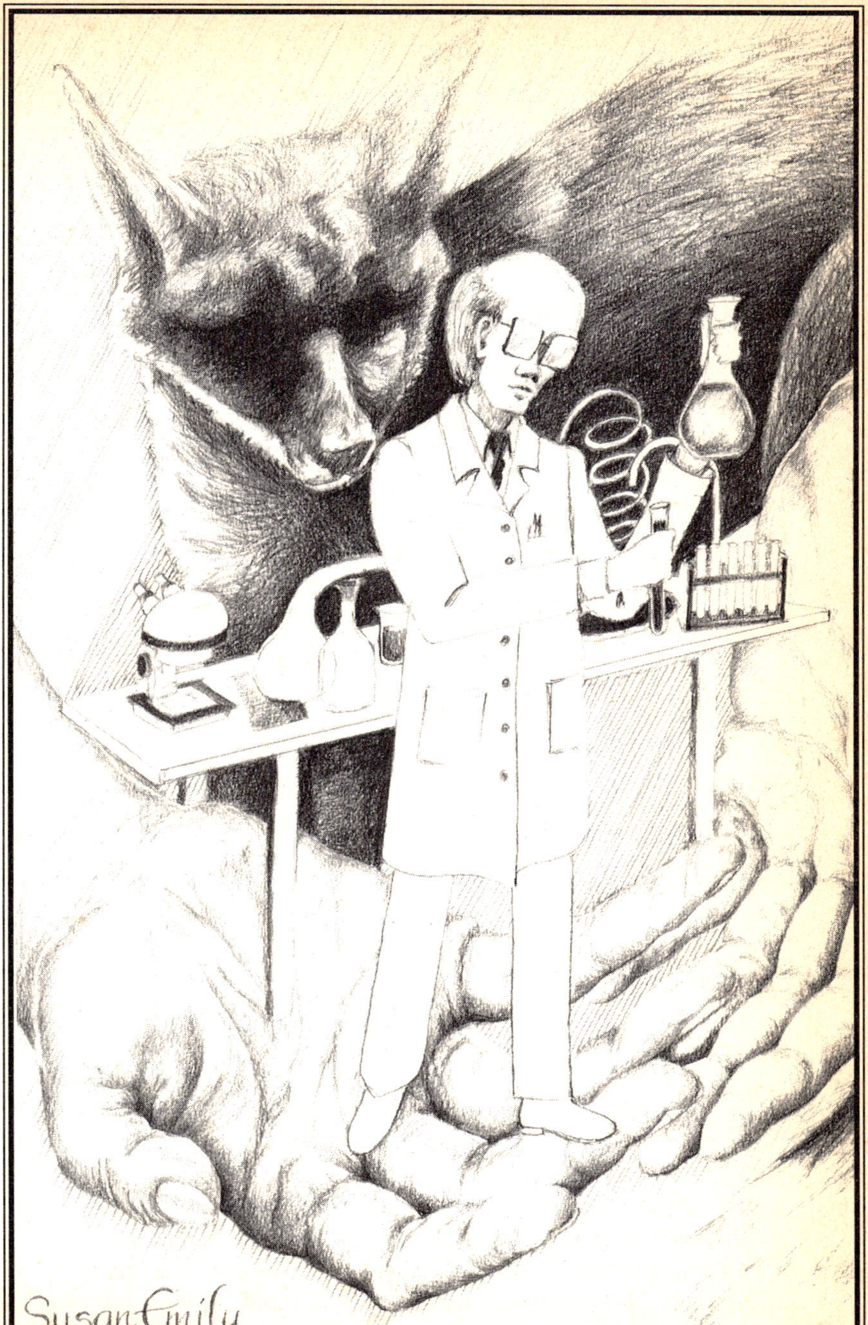
Susan Emily

CAPÍTULO II

LAS PROPIEDADES DE LAS PALABRAS

Se necesitan dos para expresar la verdad – uno para decirla, y el otro para escucharla.

HENRY DAVID THOREAU [1]

Como ya ha sido mencionado en la introducción de este libro, las enseñanzas Toltecas no podrán ser asimiladas completamente, a menos que sean vistas exclusivamente dentro de su propio contexto o sistema de referencias. En términos Toltecas, tal sistema de referencias es denominado una *visión del mundo,* y depende de la posición del punto de ensambladura del hombre, el cual puede variar en ciertas circunstancias, en cuyo caso nos traerá una nueva visión del mundo. Normalmente, dicho punto de ensambladura es fijo, y por lo tanto, todo ser humano tiene sólo un sistema de referencias, el cual define todo el conocimiento y la experiencia ganada. Por este motivo es vital introducir y definir algunos aspectos fundamentales, antes de considerar las enseñanzas en sí.

El primer concepto a tratar será el de las palabras y su correcto uso. La forma en que entendamos y usemos las palabras dependerá de como veamos el mundo en general y el conocimiento en particular. Se deberá enfatizar que las palabras, aun cuando se escojan con cuidado, siempre *velarán* la verdad. Este hecho nunca podrá ser enfatizado lo suficiente, ya que, el hombre no utiliza las palabras como símbolos que son, sino las oye y las lee únicamente en el contexto de acuerdo a su condicionamiento social.

EL ERROR DEL HOMBRE ES QUE SIEMPRE BUSCA EXPLICACIONES QUE JUSTIFIQUEN SU FORMA DE PENSAR Y LA VISIÓN QUE TIENE DEL MUNDO.

Cuando se trata del uso de las palabras y su verdadero significado, se considera que hay tres tipos de errores que se cometen normalmente.

CUANDO UN HOMBRE SE ENFRENTA CON CUALQUIER COSA FUERA DE LO ORDINARIO, SIEMPRE RECURRIRÁ A UNO DE LOS TRES POSIBLES HÁBITOS:

EL INTOLERANTE IGNORARÁ LO QUE HA SUCEDIDO Y ACTUARÁ COMO SI NUNCA HUBIESE PASADO.

EL BEATO ACEPTARÁ EL INCIDENTE POR SU VALOR NOMINAL, CREYENDO QUE LO ENTIENDE TODO.

EL TONTO SIEMPRE SE SENTIRÁ CONFUNDIDO POR LO QUE HA OCURRIDO, Y OBSESIONADO POR SUS PROPIAS INTERROGANTES PERMANECERÁ SIN SABER, SI ACEPTAR O RECHAZAR EL INCIDENTE.

Si las enseñanzas Toltecas han de ser entendidas y han de brindar beneficio al lector, estos malos hábitos mencionados deben ser cuidadosamente evitados y en su lugar, se debe adoptar la postura del guerrero.

CUANDO UN GUERRERO SE ENCUENTRA ANTE UN HECHO EXTRAORDINARIO, LO ENFRENTA CON CALMA, NO DEJÁNDOSE LLEVAR POR LAS CIRCUNSTANCIAS DEL MOMENTO. AUNQUE EL GUERRERO ACEPTA EL VALOR NOMINAL DE ALGO, TAMBIÉN LO IGNORA, PORQUE SABE QUE EL MUNDO NO ES LO QUE APARENTA SER. POR LO TANTO, EL GUERRERO SE COMPORTA COMO SI ESTUVIERA EN CONTROL, AUN CUANDO SE ENCUENTRE COMPLETAMENTE CONFUNDIDO, PUESTO QUE AL ACTUAR DE ESTA MANERA EVITA LA CONFUSIÓN QUE NACE DE LA OBSESIÓN.

Veamos cómo funciona esto, tomando como ejemplo la historia de los Toltecas, tal como fue explicada en la primera parte de este libro. El descartar esta historia como una fantasía e ignorarla, o tomarla meramente por su valor nominal y verla como el evangelio de la verdad, sería muy necio de nuestra parte. Si nos preguntásemos qué parte de la historia tiene sentido y cuál es inaceptable, sería exponernos a un falso análisis que nos traería confusión. Como consecuencia, este tipo de pregunta sólo puede conducir a más preguntas. Podemos concluir, diciendo que la formulación de este tipo de pregunta es claramente una tarea fútil y absurda.

El guerrero, por otro lado, adopta un marco mental diferente, puesto que conoce el carácter engañoso de las palabras y el hecho de que siempre velan la verdad. Por lo tanto, el guerrero lee y escucha las palabras basado en su valor nominal, pero no cree que las palabras en sí representen la verdad que busca. El guerrero sabe que las palabras transmiten la verdad de la misma manera que un vaso contiene al agua. Obviamente, no hay comparación entre el vaso y el agua que contiene, exactamente como no hay comparación posible entre el valor nominal de las palabras y la verdad que éstas transmiten.

Veamos el ejemplo del término *campo de energía*. No hay forma de que este término se pueda tomar por su valor nominal y, sin embargo, *tenemos que* considerarlo por su valor nominal, ya que de este modo se nos revela toda una fuente de conocimiento.

El término "campo de energía" conjura en la mente racional un tipo de radiación, ya sea: luz, color, sonido, magnetismo, electricidad, consciencia, o cualquier otra forma de radiación. Tal campo, obviamente, es tridimensional, aunque el término en sí no nos revela la forma de dicho campo, la cual puede ser circular, oblonga, en forma de hebra, o tal vez esférica. El término tampoco no nos hace conocer el origen de esta energía, cómo actúa, cómo es su forma; o si se mueve linealmente, pulsando, alternando, u oscilando. En resumen, desconociendo el propósito de esta energía no sabemos si debiésemos, o no involucrarnos en la respuesta. Más aun, si se observa en el contexto de otro sistema de referencias no sabríamos si este campo de energía será percibido diferentemente.

Claramente, el término "campo de energía" sirve exclusivamente para estimular nuestro conocimiento, pero resulta inadecuado cuando se trata de describir *algo*. En realidad, uno podría escribir toda una tesis acerca de ese *algo* que uno ha percibido en un cierto momento. Una persona podría escribir otra tesis completa para intentar probar lo que ha visto, otra acerca de su importancia, y aun otra más, acerca de su posible propósito, aplicación, origen, etcétera. A pesar de todas esas descripciones interminables, el lector aun no podrá llegar a comprender el significado verdadero de un campo de energía, porque nunca ha visto uno, ni ha experimentado sus efectos.

Si tanto un guerrero, como un simple hombre de la calle, tuviera que recurrir a este tipo de aprendizaje, se perdería en un laberinto de palabras sin sentido. Si, por otro lado, ve y usa las palabras como símbolos de sus evidencias, comenzará a comprender que las palabras son simplemente un pasaje al conocimiento, o la llave que nos abre las puertas a un nuevo mundo de percepción.

Es por este motivo que el guerrero *acepta todo por su valor nominal, pero no cree en nada*. Esto significa que el guerrero descarta el *valor nominal* de las palabras sabiendo que éste sólo vela la verdad, pero *no* descarta las *palabras mismas*, puesto que sabe igualmente bien, que si esas palabras son usadas correctamente, lo guiarán al conocimiento que éstas velan.

Consecuentemente, el guerrero *nunca cree por el hecho de creer, porque sabe que el mundo no es lo que aparenta ser*. Por lo tanto, cuando el guerrero lee o escucha palabras, sabe que está *en presencia de* palabras que deben ser *analizadas con detenimiento*, o dicho en un término preciso, *sondearlas.*

Este sondeo es lo que es conocido como *trabajar con sonidos*. Este sondeo es metafóricamente un acto del corazón, más que de la mente. Involucra aprender a aceptar y confiar en ese *sentimiento* peculiar, en cuyo caso puede describirse como *escuchar algo que suena a verdad*.

Siguiendo este sentir, comienza a manar una enorme cantidad de conocimiento que el guerrero ¡ignoraba poseer! Pero es precisamente aquí cuando la mente racional objetará que es sólo un acto de la imaginación. Aparece entonces, una fina línea de discriminación – una discriminación que ha sido llamada con exactitud, una espada de doble filo. Esta discriminación puede asistir al guerrero en lograr claridad, o puede perjudicarlo destruyendo el nuevo conocimiento adquirido.

Es por esta razón que *el guerrero se comporta como estando en control, aunque pueda estar completamente confundido*. El aceptar esta noción de *sentimiento*, confiando solamente en el conocimiento que surge del corazón, es realmente una amenaza para la mente racional que ve que su autoridad está siendo usurpada. Consecuentemente, el guerrero experimenta el temor de volverse irracional o de hundirse en un cenagal de fantasía. La única manera de evitar este temor es *pretender estar en control*, puesto que, tan paradójica como parece, "*actuar como si . . .*" es una forma muy poderosa de apaciguar la mente racional.

Es preciso recalcar que lo que llamamos *imaginación va más allá de* la facultad de la mente en formar imágenes. Un arquitecto puede comunicar todo lo que intenta construir en unos pocos diagramas y hasta podría lograr mayor éxito si exhibiera un modelo tridimensional. Hoy día, un arquitecto usando gráfico de ordenador y aun exhibiendo modelos tridimensionales no podría igualar en rápidez y fluidez la capacidad de formar imágenes que posee la mente.

Es cierto que un modelo no es la estructura final en el plano físico, y es igualmente cierto que la imagen mental del conocimiento, no es la experiencia probada en este plano, pero en ambos casos es la imaginación la que lleva a la realización. Si Bell hubiese concebido su imagen mental del teléfono como mera fantasía, nunca hubiese sido capaz de inventar el teléfono. Similarmente, si los videntes consideracen el movimiento del punto de ensambladura como no existente, los guerreros de hoy día serían asimismo incapaces de hacerlo y, los Toltecas, como todo el resto de la gente, estarían limitados a un solo sistema de referencias.

PARA EL GUERRERO EL CREER ES UN REQUISITO, PUESTO QUE CREER ES UNA CONDICIÓN ESENCIAL DE SU SER.

Uno de los conceptos más difíciles de hacer comprender a alguien, es el hecho de que las palabras constituyen instrumentos de comunicación. Los lingüistas han trabajado tenazmente por muchos siglos para definir y redefinir las palabras del lenguaje, a fin de que cada palabra que el hombre utiliza hoy día tenga un valor fijo dentro de un contexto definido. Todo esto fue un esfuerzo del hombre por agudizar su visión del mundo. Como resultado, las palabras han obtenido más importancia que el conocimiento que inicialmente intentaban transmitir.

En la actualidad, una persona es vista como educada o no por la manera en que habla, más que por lo que realmente expresa. Las palabras se han hecho más importantes que el conocimiento mismo, y la teoría ha ganado una posición privilegiada en la vida del hombre. Es asombroso ver el poder de las palabras y la influencia de la retórica del hombre. Cada vez que una palabra es pronunciada se produce un cambio en el universo, aun más, no sólo cambia el universo, sino la visión que el hombre tiene del mundo.

Cada vez que el hombre se enfrenta con algo nuevo o algo que su mente racional no puede comprender, inmediatamente se lanza a describir y trata de explicarlo con palabras para adaptarlo a su visión personal del mundo. Tal es el poder y la trampa de las palabras.

Un guerrero no puede evitar el uso de las palabras, pero sí, puede evitar caer en su trampa. Primeramente, usando un mínimo de palabras, y segundo, escogiendo muy cuidadosamente las palabras que utiliza. El guerrero sabe que todas las explicaciones y todas las descripciones son relativas al sistema de referencias escogido, pero como todos los sistemas de referencias son variables, no considera las explicaciones en sí como importantes. Para un guerrero, una explicación es exactamente lo que la palabra implica: "extraída de su plano"*. Para verlo más detalladamente, lo que se explica ha sido literalmente extraído de su plano, o de su contexto verdadero. En el momento que algo es extraído de su contexto, cualquier información que se ha recogido al respecto se torna adulterada, y en casi todos los casos categóricamente inexacta.

* *Nota del traductor: Corresponde a la parabra en inglés "explanation": Ex-plane-tion.*

La única forma de evitar caer en la trampa de las palabras es por medio de la práctica del *no-hacer**. Es posible usar las palabras sin peligro, siempre y cuando, se rehuse aceptar las palabras por su mero valor nominal y manteniendo en mente que las palabras son sólo símbolos del conocimiento que ocultan. En verdad, el único valor que las palabras tienen es hacernos pensar más amplia, y profundamente que antes. Las palabras son instrumentos con los cuales podemos ayudar a otros a sondear lo desconocido, y en este respecto son muy importantes, pero aquí se acaba su valor. A este efecto, es vital recordar que la habilidad de las palabras para revelar conocimiento depende de la *destreza* del escucha en el uso de éstas, y de la relación en lo que concierne al entendimiento relativo de su valor.

¿Cuál debería ser el planteamiento del hombre hacia el uso de las palabras? Esta pregunta ya ha sido respondida anteriormente en forma amplia, pero aun así, queda otro punto por aclarar.

UN GUERRERO NUNCA COMETE EL TORPE ERROR DE ASUMIR QUE EL MUNDO ES SOLAMENTE LO QUE LAS PALABRAS PARECEN INDICAR. UN GUERRERO VIVE BASÁNDOSE EN DESAFÍOS, Y LAS PALABRAS SON, NI MÁS NI MENOS, OTRO DESAFÍO.

Para reconocer el desafío inherente en las palabras, el guerrero debe escuchar muy cuidadosamente su sonido, su contexto, y más importante que todo, sus implicaciones. El verdadero valor de las palabras yace en sus *implicaciones*, en vez de los valores absolutos que tienen por virtud de su definición. Generalmente, un guerrero es capaz de *ver* el verdadero conocimiento velado por las palabras pronunciadas por un hombre, no tanto por las palabras en sí, sino por sus implicaciones. Muy a menudo, se puede extraer un significado más profundo de las palabras que el orador no ha pronunciado, como ser, los puntos que consciente o inconscientemente ha evitado mencionar.

* *El acto de escoger una ruta opuesta diferente de aquella que uno normalmente hubiese escogido. Esta práctica es explicada con más detalles en el capítulo* IV.

El guerrero comienza a *ver* entrenándose a leer entrelíneas y a escuchar el mensaje tácito contenido dentro del discurso del hombre. Debe ser explicado que *ver* no es esencialmente un proceso visual, sino que un flujo de conocimiento directo entre el orador y el escucha, como también entre un objeto y un observador. Los videntes explican esto como una alineación de campos de energía, lo cual es técnicamente correcto, pero que comienza cuando el guerrero reconoce que las palabras fueron creadas solamente para servir como instrumentos de comunicación. Inicialmente las palabras resultaron ser bastante inocuas, y después se convirtieron en el medio para definir una visión del mundo mutuamente aceptable, y finalmente se han convertido en un medio para dominar a otro hombre, o hasta toda una nación. Ningún vidente, sin embargo, puede ser dominado con palabras, y mucho menos ser aprisionado en una estructura de referencia fija o en una visión del mundo.

Todos los videntes comienzan de la misma manera, apuntando a quebrantar la fijación de la percepción. Los videntes en entrenamiento comienzan interrogando todo y a todos, no en busca de veracidad, sino tratando de sondear lo que *no han* percatado. Esta es la única diferencia verdadera entre un vidente y un científico, sin embargo, los resultados de sus investigaciones prueban ser notablemente diferentes.

El científico necesita comprobar todo de acuerdo a un sistema de referencias fijo y por lo tanto, produce resultados que prueban que las cosas son correctas o incorrectas, verdaderas o falsas. El vidente, por otro lado, no trata de probar cosa alguna, sino que trata de encontrar una forma de *utilizar* aquello que ha percibido.

Debido a que el científico tiene que sostener valores absolutos, le es imperativo probar su conocimiento de acuerdo a una estructura de referencia fija. El vidente, reconociendo un universo fluido donde los valores absolutos no tienen sentido, solamente busca usar las fuerzas del universo sin molestarse en explicarlas. El vidente sabe que las explicaciones son relevantes sólo dentro de la estructura de referencia seleccionada y, por lo tanto, no producen efecto sobre las fuerzas que se afana por utilizar.

En este respecto, el uso de la imaginación es un magnífico ejemplo. Ningún científico ortodoxo se expondrá a ser acusado de imaginar cosas. Al vidente, por otro lado, no le importa lo que puedan decir y por lo tanto, lucha solo para resolver cómo utilizar de la mejor manera la más mágica propiedad de la mente humana.

El "intelectual científico" agonizará por días o años, intentando probar o desaprobar sus propias teorías. En contraste, al vidente no le interesan tales pruebas, porque la única prueba que requiere es, si su teoría funciona o no. Nadie, hoy día, sea vidente o científico, puede probar o rechazar la existencia del punto de ensambladura; pero el vidente al trabajar con éste, y ser capaz de moverlo, puede lograr cosas que el científico no puede. Para el vidente, este *uso* del punto de ensambladura es prueba suficiente que es tangible, real y capaz de ser manipulado. Desde el punto de vista científico, el punto de ensambladura bien puede ser descrito meramente como un producto de la imaginación del vidente, pero, ¡no así los efectos de su uso!

La mayor diferencia entre el científico y el vidente yace en sus respectivas actitudes hacia el hombre y el mundo. Para la mayoría de los científicos, todo lo desconocido puede en algún momento ser descrito en función de un sistema de referencia fijo, a través del uso de palabras, fórmulas y teorías. Generalmente, los científicos ven tanto al hombre como al mundo como fijos dentro de un sistema de valores absolutos, aun cuando el sistema no sea enteramente entendido. Por lo tanto, para el científico, el hombre y el mundo son solamente ejercicios intelectuales.

Para un vidente este concepto es totalmente contrario, el hombre y el mundo representan la confluencia más asombrosa de permutaciones continuamente fluctuantes – un asombroso milagro de orden fluyendo de lo que sólo puede ser descrito como caos. Para el vidente, tanto el hombre como el mundo, son los más maravillosos misterios que sabe que realmente nunca llegará a comprender, puesto que el entendimiento se basa en un sistema de referencias fijo, y las permutaciones y combinaciones calidoscópicas se encuentran en un continuo movimiento. Más aun, tanto el cambio como la fluidez no se prestan a la lógica.

El científico ve en las palabras su esperanza de lograr reducir a ambos, al hombre y al universo, a una fórmula intelectual conocida. El vidente encuentra en las palabras, o con más exactitud, en la implicación inherente dentro de ellas, una oportunidad de expresar su sorpresa ante el asombroso misterio y alcance del hombre y su universo. La diferencia entre los científicos y los videntes es asombrosa en sus efectos. El científico conduce al hombre a una vida estéril de aburrimiento cada vez mayor; el vidente recuerda al hombre de su herencia ilimitada como un ser mágico proveniente de un universo excitante e impenetrable.

En su miedo hacia lo desconocido, el hombre ha inconsciente, pero voluntariamente, intercambiado su emoción por aburrimiento, su aventura por seguridad. En este respecto, las palabras son el testimonio perfecto de este hecho. El hombre prefiere más bien, adherirse al valor absoluto y conocido de las palabras, que arriesgarse a lo desconocido inquiriendo la validez de su contenido nominal.

El guerrero, que es esencialmente un ser libre, y luego, un aventurero y pionero de corazón, busca siempre el desafío escondido y el misterio oculto por el contenido nominal de las palabras. En su corazón siente, percibe y simplemente sabe que cada palabra contiene escondida dentro de sí, la clave de un misterio. Por lo tanto, un guerrero presta cuidadosa atención a las palabras, dándoles vuelta tras vuelta en su mente, para un lado y para el otro, buscando todas sus posibles implicaciones. Para él, aceptar el valor nominal de las palabras es caminar directamente en la trampa de la ignorancia y del aburrimiento – algo que para él, no sólo carece de sentido, sino que significa un desperdicio de tiempo y energía.

Todo lo que hasta aquí se ha dicho, se relaciona con la visión Tolteca acerca del uso de las palabras. Sin embargo, no son sólo los Toltecas los que entienden las palabras de esta manera. La siguiente es una selección de citas de textos de algunos de los mejores poetas y autores del mundo, mostrando como cada uno de estos maestros usa las palabras en su propio estilo peculiar. Los autores seleccionados son aquéllos que usan las palabras de una manera que se asemeja bastante a la visión Tolteca. En este respecto, las citas asistirán al lector a familiarizarse con la forma en que las palabras deben abordarse, si van a comunicar la verdad que esconden.

A través de la siguiente sección, como un ejercicio para aprender figurativamente a leer entrelíneas, el lector debería intentar descubrir dos diferentes posibilidades de enfoque abordadas por los escritores. Estas dos posibilidades serán definidas y discutidas con mayor profundidad más adelante. Bastará por ahora decir que toda la gente cae, por supuesto, en uno de estos dos tipos diferentes, diferenciados por los Toltecas como *soñadores y acechadores*.

El soñador tiene una forma de abordaje algo seria, enfatizando lo bueno, lo bello y lo misterioso. Por el otro lado, el acechador es más jovial, a veces casi locuaz, y acentúa la verdad, la paradoja, la sátira y algunas veces hasta con un tono de humor cáustico. Ambos tipos demandan de sus lectores un acercamiento inteligente y bien dispuesto, ya que ninguno de estos párrafos puede ser tomado por su contenido nominal, puesto que cada palabra y cada frase contienen mensajes dentro de mensajes.

Johann Wolfgang von Goethe dio un excelente consejo acerca del uso de las palabras cuando dijo:

> *"La hazaña es todo, su reputación es nada."* [2]

En esta simple declaración el autor itera la verdad de que no importa cuán impresionantes sean las palabras de un hombre, a menos que sean substanciadas por verdadera acción, no dejarán de ser más que palabras vacías. Las acciones siempre son más significativas que las palabras. También declaró que:

"Toda la teoría, querido amigo, es gris, pero el dorado árbol de la vida brota siempre verde." [3]

Ralph Waldo Emerson dijo:

"Es el buen lector, el que hace al buen libro." [4]

señalando claramente la importancia de la pericia del lector en el manejo de las palabras, pero también declara en otro párrafo:

"Conversa con una mente que sea ampliamente simple y la literatura parecerá como un mero juego de palabras." [5]

En esta última oración, Emerson expone la realización de que, el contenido verdadero de la palabra es el que expresa más que la palabra misma. William Blake hace eco de esta idea en su verso:

"Ver un Mundo en un Grano de Arena
Y el Paraíso en una Flor Silvestre
Sostener el Infinito en la palma de tu mano,
Y la Eternidad en una hora." [6]

"To see the World in a Grain of Sand,
And a Heaven in a Wild Flower.
Hold Infinity in the palm of your hand,
And Eternity in an Hour." [6]

Estas palabras son un bello ejemplo de una *mente que es grandiosamente simple*, pero su contenido es mucho más amplio. En las primeras dos líneas, se encuentra el concepto de que el mundo no es lo que parece ser. Los Toltecas enseñan que en la vida las cosas pequeñas son a menudo ignoradas por parecer insignificantes, pero, sin embargo, son tan importantes como cualquier otras. Por lo tanto, para un guerrero un grano de arena, o una flor silvestre, revelan una gran riqueza de conocimiento.

De la misma manera, las últimas dos líneas de la estrofa de Blake no son solamente bonitas palabras poéticas, sino declaraciones de gran valor. "Sostener el Infinito en la Palma de tu Mano" es una alusión al potencial divino del hombre. El hombre, en su verdadera esencia, es un ser infinito que despliega su propio destino, cuyo potencial indudablemente yace en sus propias manos. La última línea, "Y la eternidad en Una Hora" es una ley científica, tan verdadera como cualquiera de las leyes que sostiene actualmente la ciencia ortodoxa. En esta corta frase, Blake indica aquella ley que los Toltecas llaman la *compresión del tiempo*.

Albert Einstein probó matemáticamente que el tiempo es por sí mismo una dimensión, algo que los Toltecas han entendido y practicado por mucho tiempo. Sin embargo, la ciencia todavía no ha llegado a entender las sutiles implicaciones de esta ley. De una forma simple, el tiempo es inversamente proporcional a la conciencia. Matemáticamente puede ser expresado con la siguiente ecuación:

> *Si t es el tiempo que toma completar una tarea, y a es el nivel de conciencia involucrado, entonces:*
>
> $t = \frac{c}{a}$ *donde c es una constante (tiempo)*
>
> *Por lo tanto, cuando a tiende a infinito, t tiende a cero:*
>
> $O = \frac{c}{\infty}$

Lo que esta regla significa es que, cuánto mayor sea el nivel de conciencia, menor será el tiempo que toma entender un concepto o completar una tarea. Esto es lo que significa que un guerrero comprime el tiempo.

Al continuar nuestro análisis de las palabras, Henry David Thoreau explicó que:

> *"Se necesitan dos para expresar la verdad – uno para decirla y otro para escucharla."* [1]

Esta es una declaración muy enfática, acerca de la importancia, no sólo del uso inteligente de las palabras, sino de su interpretación, y la necesidad de saber asimilarlas con discriminación.

A continuación las palabras de Oscar Wilde referente al hecho que las palabras nunca revelan la verdad:

"La verdad raras veces es pura, y nunca simple." [7]

Jonathan Swift, sin embargo, agrega que cuando las palabras son utilizadas correctamente, éstas son ciertamente el sello de un acechador impecable. Dice:

"Palabras apropiadas en lugares apropiados, constituyen la verdadera definición de un estilo." [8]

Stephen Spender para demostrar el punto de vista de Swift, escribió las siguientes dos estrofas – estupendas afirmaciones usando la técnica de un verdadero acechador:

"Pienso continuamente en aquéllos que fueron
verdaderamente grandes
Los nombres de aquéllos que en sus vidas lucharon
por la vida,
Los que portaron en su corazón el núcleo del fuego."

"Nacidos del sol viajaron por un corto tiempo hacia
el sol,
Y dejaron el vívido aire firmado con su honor." [9]

"I think continually of those who were truly great –
The names of those who in their lives fought for life,
Who wore at their hearts the fire's centre."

"Born of the sun they travelled a short while towards
the sun,
And left the vivid air signed with their honour." [9]

Aquí Spender habla extensamente acerca del origen del hombre, el concepto de la reencarnación, y del trabajo de los

Toltecas a través de las eras. La verdadera esencia de estas estrofas, sin embargo, ha sido incluida aquí, pura y exclusivamente como medio para ilustrar la técnica del acecho en el uso de las palabras.

Como todo en el universo, las palabras en sí no pueden tildarse ni como buenas ni como malas, sino que sirven para reflejar nuestro intento. Asimismo, las palabras pueden comunicar confusión, aburrimiento y esterilidad mental; o pueden transmitir belleza, misterio, hasta la verdad inefable. La extraña paradoja de las palabras es que el lenguaje nació de la mente del hombre, y, sin embargo, sus raíces yacen dentro de su corazón. Como es el caso con todas las paradojas, si uno va a contestar el acertijo de la esfinge, debe usar ambos, la mente y el corazón para rodear la trampa mortal de la esfinge. En este respecto, Bernard Shaw afirmó:

"El hombre que escucha a la razón, está perdido:
la razón esclaviza a todos los que no tienen la mente
lo suficientemente fuerte como para dominarla." [10]

Como anticipándose a que esta afirmación pudiese inducir preguntas, Shaw aclara en otra sección de sus escritos:

"El hombre razonable se adapta al mundo; el hombre
irrazonable persiste en tratar de adaptar el mundo para
sí mismo. Por lo tanto, todo el progreso depende de los
hombres irrazonables." [11]

Aquí también se puede apreciar la sabiduría que despliega este trozo de obra maestra. Continuando en el mismo tema, el inimitable Shaw concluye:

"Un hombre de gran sentido común y buen gusto –
queriendo significar- un hombre sin originalidad ni
coraje moral." [12]

En la oración anterior, Shaw expone cortantemente los efectos debilitantes del condicionamiento social y de la mediocridad nacida de la razón. En su forma sencilla de expresarse, Blas Pascal agrega:

"El corazón tiene razones que la razón desconoce." [13]

Haciendo eco del valor del conocimiento propio del corazón, el consejo de Emerson al hombre es:

"Engancha tu carro a una estrella." [14]

Entonces, revelando el hecho de que el verdadero conocimiento yace dentro del corazón, dice:

"Aunque viajemos por todo el mundo en busca de belleza, debemos llevarla con nosotros o nunca la encontraremos." [15]

En el siguiente verso, Blake amplia este concepto al enfatizar la futilidad de tratar de encontrar felicidad en las cosas externas, el conocimiento en este caso:

"Aquél que se aferra a la vida
La alada vida destruye;
Pero aquél que la besa mientras vuela
Vive en el amanecer de la eternidad." [16]

"He who bends to himself a Joy
Doth the winged life destroy;
But he who kisses the Joy as it flies
Lives in Eternity's sunrise." [16]

En lo que se refiere al uso de las palabras, el enfoque del guerrero es claramente resumido en las palabras de Walt Whitman:

"Mirad, yo no doy oratorias, ni siquiera caridad, cuando doy, me doy a mí mismo." [17]

En este respecto el guerrero usa la misma vara con la cual mide el potencial en las palabras de otros. Como un aprendiz en cierta ocasión expresó acertadamente:

"Algunas personas están sinceramente equivocadas."

Oscar Wilde expresó la opinión anterior de esta manera:

"Un poco de sinceridad es una cosa peligrosa, pero en gran medida es absolutamente fatal." [18]

Después de reflexionar acerca de los ejemplos anteriores, se espera que el lector sea ahora capaz de entender mejor el hecho de que le guerrero debe, y de hecho lo hace, aproximarse a las palabras como a cualquier otro desafío en la vida. Es una verdadera necedad no apreciar las palabras como es debido, o usarlas de manera desordenada. Jesús Cristo dijo:

"No es lo que entra en la boca del hombre lo que lo profana; si no, lo que sale de ella." [19]

Un guerrero presta gran atención a este punto; primero en su propia elocución, y segundo, en las palabras de otros. Debería recordarse que un hombre es lo que sus palabras revelan, provisto que el oyente tenga oídos para oír y no se enganche en el valor nominal de las palabras.

Todo lo expuesto anteriormente ha sido un intento de ilustrar ambos extremos; la locura y el poder de las palabras, la falsedad y la verdad, y especialmente el humor. Las palabras son herramientas poderosas en las manos del guerrero que ha visto en ellas no solamente un desafío, sino la responsabilidad que éstas representan.

Generalmente hablando, el hombre confiere poca consideración a las palabras. En el mundo actual, la gente demanda, entre muchas otras cosas, libertad de expresión. Sin embargo, al mismo tiempo la gente se niega a aceptar la responsabilidad que las palabras conllevan. En este respecto uno no puede más que reírse con Oscar Wilde cuando dice:

"La democracia simplemente significa la coerción del pueblo, por el pueblo, para el pueblo." [20]

Es fácil hablar, y es también así de fácil hablar con una gran convicción. La gente se deja llevar tanto por sus propios discursos, o por los discursos de otros, que hasta se dejan matar por las palabras. Pero, como lo dijo William Thackeray con tanta exactitud:

"Morir por una fe, no es difícil, maestro Harry –
los hombres de todas las naciones han hecho eso –
es vivir por esa convicción lo que es difícil." [21]

El hombre dirá cualquier cosa que suene bien, y al hablar va creyendo en lo que dice – tal es el poder de la palabra hablada; es en realidad un compromiso. En este respecto el guerrero sigue el consejo de Goethe:

"El genio se desarrolla en la soledad,
el carácter en el bullicio de la vida humana." [22]

El silencio, interno y externo, es el pasaje al verdadero conocimiento, mientras que, la maestría en el uso de las palabras, tanto al hablar como al escuchar, es el pasaje a la libertad. El silencio y las palabras son solamente dos lados de la misma moneda, llamada comunicación – la palabra sin pronunciar, a menudo, transmite más que la pronunciada.

Finalmente, debe ser comprendido que el guerrero al usar las palabras está, en realidad, en búsqueda de conocimiento. La adquisición de tal conocimiento requiere habilidad.

LA PERICIA DEL GUERRERO YACE EN SU HABILIDAD DE RECONCILIAR MIEDO CON REVERENCIA.

La única forma en que un guerrero puede desarrollar esta pericia es adoptando un sentido de buen humor. Oscar Wilde, un autor que entendía esto a la perfección comentó lo siguiente:

"Miremos a las estrellas, cuando estemos yaciendo cara arriba en el pantano." [23]

Esta observación de Wilde describe a las mil maravillas todo el humor, la locura, el intento inquebrantable y la actitud del guerrero. Se ha dicho que las lágrimas limpian el alma, aunque se considere verdad, esto no es todo en la vida de un guerrero. Ya que para su bienestar es vital que también sea capaz de reír, porque la risa le trae alivio temporal del agobio de las batallas que debe luchar día a día. En este aspecto, Goethe entendió bien lo que significa ser un guerrero cuando escribió:

"Debes conquistar y dominar, ó perder y servir, sufrir ó triunfar, ser yunque ó martillo." [24]

Shaw fue un hombre que poseía un agudo sentido del humor en lo que concierne a la locura, y que también podía reírse de sí mismo, como cuando expresa:

"Nunca me resisto a la tentación, porque he encontrado que las cosas que son malas para mí, no me tientan." [25]

La locura de nuestras propias acciones nos provee con una inagotable fuente de buen humor. Edgar Allan Poe expresa su concepto de la locura muy elocuentemente:

"Todo lo que vemos o parecemos ver,
es sólo un sueño envuelto dentro de otro sueño." [26]

"All that we see or seem
Is but a dream within a dream." [26]

En estas dos breves líneas, Poe resume muy gráficamente la actitud Tolteca hacia la percepción normal del mundo. El hombre ve y experimenta el mundo de acuerdo a su estructura de referencia; pero, si el punto de ensambladura se mueve lo suficientemente lejos, se manifiesta un mundo totalmente nuevo y diferente, que es tan real y objetivo como el que el hombre normalmente percibe. Ante tal impacto, todos nuestros esfuerzos de la vida diaria, no significan más que una locura.

El mejor de todos los autores, William Shakespeare, expresó la locura de la siguiente manera:

> *"Nuestros divertimentos han dado fin. Estos actores, como había prevenido, eran espíritus todos y se han disipado en el aire, en el seno del aire impasible: y a semejanza del edificio sin base de esta visión, las altas torres, cuyas crestas tocan las nubes, los suntuosos palacios, los solemnes templos, hasta el inmenso globo, si, y cuando en él descansa, se disolverá, y lo mismo que la diversión insustancial que acaba de desaparecer, no quedará rastro de ello. Estamos tejidos de idéntica tela que los sueños, y nuestra corta vida se cierra con un sueño."* [27]

> *"Our revels now are ended. These our actors,*
> *As I foretold you, were all spirits and*
> *Are melted into air, into thin air:*
> *And, like the baseless fabric of this vision,*
> *The cloud-capp'd towers, the gorgeous palaces,*
> *The solemn temples, the great globe itself,*
> *Yea, all which it inherit, shall dissolve*
> *And, like the insubstantial pageant faded,*
> *Leave not a rack behind. We are such stuff*
> *As dreams are made of, and our little life*
> *Is rounded with a sleep."* [27]

A estas palabras de Shakespeare, Frank Herbert agrega esta patética declaración:

> *"Pienso qué alegría es estar vivo, y me pregunto si alguna vez osaré incorporarme dentro de mí, a la raíz misma de mi existencia, para llegar a conocerme a mí mismo como una vez fui. La esencia yace allí. Si lograse tal hazaña sólo el futuro me dará la respuesta. Entonces todas las respuestas serán mías. Todo yacerá en mis manos."* [28]

Esta es una descripción muy acertada de lo que representa el ánimo del guerrero. Muestra la manera en que se ve a sí mismo y entabla su verdadero propósito en la vida, es decir, intentar desentrañar el misterio de su verdadero ser. En un tono callado de admiración casi reverente, Herbert, a la par del guerrero concluye:

> *"No existe separación entre los dioses y los hombres; sutil y casualmente se mezclan unos con los otros."* [29]

Tal vez, en el análisis final, nunca nadie ha expresado el ánimo del guerrero mejor que Herman Hesse cuando escribió:

> *"Para aprender a amar al mundo, y no compararlo más con un ansiado universo imaginario, una visión de perfección, decidí aceptarlo como es, amarlo y estar feliz de pertenecer a él. Entonces aprendí por medio de mi cuerpo y de mi alma que era necesario pecar, experimentar lujuria, luchar por lo mundano y soportar la náusea y el nivel de desesperación para no resistirlos. Esta piedra es una piedra, también es animal, Dios y Buda. No sólo la respeto y amo porque una vez fue algo y se convertirá en algo más, sino porque durante largo tiempo ha sido todo y sigue siendo todo. La amo porque es una piedra, porque hoy y ahora aparece ante mí como una piedra."* [30]

Tal es el ánimo del guerrero; tal es lo irreprochable de su espíritu. Este es su desafío. Las palabras pronunciadas y escritas también son parte de este desafío.

EL TIGRE

Ningún hombre puede ser atrapado sin su consentimiento.
(Dibujos a lápiz por Susan Emily)

Susan Emily

CAPÍTULO III

ABRIENDO UN CAMINO HACIA LA LIBERTAD

EL UNICO FRACASO EN LA VIDA ES EL NO LUCHAR

Cuando se observa la vida de un hombre o de una mujer común hoy día, uno no puede menos que verse invariablemente abrumado al notar el opresivo aburrimiento y la monótona existencia que en cierta forma éstos se ven forzados a llevar. El hombre común nace, crece, va a la escuela, tal vez, a la universidad, encuentra un trabajo, una esposa, comienza una familia, ahorra para adquirir un automóvil, una casa y muebles, toma su vacación anual, envejece y finalmente muere. Uno no puede evitar preguntarse cómo un hombre puede permanecer lúcido y hasta contento bajo tan severas condiciones de aburrimiento. Sin embargo, éste resulta ser hoy día, el modelo de vida de la mayoría de la humanidad.

En algún momento de sus vidas, ciertas personas se preguntan "¿Es vida esto?" Pocas veces logran una respuesta, e incapaces de encontrar una réplica razonable y práctica, se sienten forzados a resignarse a su destino.

LA VIDA PARA EL HOMBRE COMÚN ES UN EVENTO IMPRECISO Y MONÓTONO – UNA EXISTENCIA QUE NO ESTÁ COMPLETAMENTE CARENTE DE ENTRETENIMIENTO, PERO EN LA QUE EL HOMBRE SE MUEVE A CIEGAS, DE UNA ACTIVIDAD A LA SIGUIENTE, SOLO PARA ENCONTRAR QUE LA FELICIDAD QUE BUSCA, LO ELUDE CONSTANTEMENTE. LA VIDA DE TAL HOMBRE SE LLENA DE UN SENTIMIENTO DE

VACÍO Y UN DESEO DE LLENARLO, PERO EN SU LUGAR DESCUBRE UN SENTIMIENTO DE FUTILIDAD ABERGÁNDOSE EN SU CORAZON. MÁS TARDE, SE DA CUENTA QUE LA VIDA SE HA ESCURRIDO ENTRE SUS DEDOS, MALGASTADA EN INSIGNIFICANTES FRIVOLIDADES HUMANAS.

Todos comenzamos nuestras vidas como hombres y mujeres comunes, pero esto no significa que no contemos con la habilidad de moldear nuestras vidas de acuerdo a nuestra voluntad. Podemos muy frecuentemente sentirnos víctimas del destino, pero, aunque es cierto que ningún hombre puede escapar de éste, todos contamos con la posibilidad de elevarnos sobre nuestra capacidad, si así lo deseamos. En alguna etapa del camino, la oportunidad de decidir por nosotros mismos que deseamos hacer con nuestras vidas se nos brindará a todos.

EL PROBLEMA ES QUE TODOS NACEMOS IGNORANTES, PUESTO QUE TAL ES NUESTRA CONDICIÓN HUMANA.

En nuestra necedad nos enorgullecemos de ser humanos. Consecuentemente, exigimos para nosotros ciertos privilegios y derechos. Sin embargo, observando detenidamente al hombre, y a sus actitudes de como trata a su planeta, a sus congéneres, y a las otras criaturas con las que lo comparte; uno no puede menos que dejar de notar que sus opiniones acerca de ética y moralidad esconden emociones, sentimientos y pensamientos, a menudo tan bajos y nocivos que causan un daño psíquico, más destructivo aun que el físico.

EL HOMBRE SE CONSIDERA SUPERIOR A UN ANIMAL – PERO CASI SIEMPRE VIVE UNA EXISTENCIA QUE ES INFERIOR A LA DE ÉSTOS.

¿Es de sorprender que, si al vivir tales vidas, terminemos sintiéndonos como víctimas? Casi todos vivimos la vida siguiendo este padrón, no la concebimos de otra manera y el tratar de desviarnos nos llevaría con seguridad a la enajenación.

> *DESDICHADAMENTE YA TODOS ESTAMOS DEMENTES.*

Mira detenidamente al hombre y compara tu condición con la suya. ¿Puedes desviarte de aquello que crees ser tu credo? ¿De aquello que te ha sido enseñado como moralmente correcto? La lógica respuesta es, "No".

> *A TRAVES DE SU CONDICIONAMIENTO SOCIAL LA GENTE ES ENCASILLADA DENTRO DE UNA ESCLAVITUD PSÍQUICA. EL SOMETER A UN HOMBRE FÍSICAMENTE ES ESCLAVITUD; EL DOBLEGARLO PSÍQUICAMENTE ES UN HORRENDO ACTO DE MAGIA NEGRA. NO OBSTANTE ESTE MAL AFECTA A TODA LA HUMANIDAD Y EL HOMBRE PERPETÚA ESTA VIL PRÁCTICA INFLIGIÉNDOLA SOBRE SUS PROPIOS HIJOS. SUS ACCIONES ESTÁN SIENDO CONSTANTEMENTE DEFINIDAS POR LA MEDIOCRIDAD DE SU CONDICIONAMIENTO SOCIAL.*

Por supuesto que con el fin de sentirnos mejor, siempre podremos justificar nuestro comportamiento al respecto. Por ejemplo, como padres podemos argumentar que nuestras decisiones son las más acertadas para nuestros hijos. Después de todo es nuestro deber, como tales, guiarlos por el mejor camino. Pero, lamentablemente y con demasiada frecuencia, nos consideramos buenos padres cuando imponemos nuestra voluntad, nuestras ideas y creencias en nuestros niños. Una vez programados mentalmente para que actúen, sientan y hasta piensen como nosotros, nos regocijamos en la satisfacción personal de saber que los hemos "encausado."

A pesar de tales justificaciones la situación no se altera en absoluto. Guiar a nuestros hijos con amor y firmeza es una cosa, pero forzar nuestra voluntad sobre ellos sería abusar de nuestro privilegio como padres. Es nuestro deber el incentivar a nuestros hijos a pensar por sí mismos y a tomar responsabilidad por sus propias acciones. Por otro lado, quebrantar su libre albedrío forzándolos a rendirse a nuestra voluntad es una violación imperdonable de los derechos humanos.

Los niños necesitan fundamentalmente amor, cuidado y una mano firme, pero también necesitan comprensión, y sobre todo, respeto. Si nunca escuchamos a nuestros hijos, no nos debemos sorprender si ellos dejan de escucharnos a nosotros. Si los escuchamos meramente para frustrarlos, una y otra vez, no tenemos derecho de sentirnos heridos si un día se tornan hacia nosotros con amargura y enojo. Los niños aprenden más por el ejemplo que por las palabras. Si escuchamos sus preguntas, sus pedidos y sus deseos con respeto y comprensión, entonces ellos también escucharán nuestros consejos y aceptarán nuestra supervisión con el mismo respeto y comprensión. Si amamos a nuestros hijos, sin convertir ese amor en una atadura, nuestros niños siempre nos responderán con ese mismo amor.

Lo que es verdadero para nosotros como padres, es igualmente verdadero como ciudadanos del mundo. Todos hemos tenido que sufrir las atrocidades del condicionamiento social, por lo tanto, habría que aceptar que en realidad no hay víctimas.

NINGÚN HOMBRE PUEDE SER ATRAPADO SIN SU CONSENTIMIENTO.

Nadie puede esclavizar a una persona contra su voluntad. Hay muchas personas en el mundo que han luchado en contra y se han liberado de toda disciplina y comportamiento convencional. Es triste que, aunque tales personas han tenido suficiente *poder personal* para liberarse, muy a menudo, no han tenido suficiente *poder* para definir por sí mismos un nuevo propósito y una nueva dirección en la vida.

Sin propósito ni dirección tales personas frecuentemente terminan en el lado equivocado de la ley – una ley creada por hombres mediocres que viven existencias mediocres. Habiéndose liberado de las tradiciones y costumbres de tal ley, estos rebeldes encuentran poca simpatía bajo la ley impuesta por aquéllos de los que en primer lugar trató de escapar.

Si estos rebeldes son incapaces de encontrar un nuevo propósito en la vida y no obstante, son lo suficientemente inteligentes como para mantenerse del lado de la ley, invariablemente se convierten en lo que los Toltecas denominan *pequeños tiranos**. Estos tiranos son los que se conducen por la

* *Nota del Traductor: En la terminología de Don Juan: Pinche Tirano.*

vida ventilando su ira y furia interior contra las personas a su alrededor. Estas personas a menudo infligen sobre sus propios hijos los mismos crímenes que sus padres cometieron contra ellos.

Teniendo en cuenta lo que se comentó hasta ahora, pregúntate a ti mismo: ¿Quién eres? ¿Cuál es tu posición en el escenario de la vida? Sé honesto contigo mismo. No te engañes asumiendo inmediatamente que eres único, puesto que ninguno de nosotros vive aislado en esta vida. ¿Eres un conspirador de la magia negra? ¿Eres un pequeño tirano? Para responder estas preguntas, piensa en la gente que te rodea. ¿Te respetan? ¿Te aman realmente? ¿Tienen confianza en ti?

La gente es como el espejo en que vemos reflejada nuestra propia imagen. Pero este espejo también nos revela nuestros prejuicios. Si algunos espejos reflejan amor y otros reflejan ira, entonces, podemos ver a quienes amamos, y a quienes tratamos con desdén. Todos somos inherentemente deshonestos, pero nuestro espejo nunca miente. El espejo refleja siempre con exactitud, cómo pensamos, sentimos y actuamos hacia el mundo a nuestro alrededor. Podemos negar una reflexión con vehemencia y tan rotundamente como deseemos, pero nunca cambiará hasta que cambiemos nosotros mismos. Una vez que uno ha cambiado, entonces nuestro reflejo también ha de cambiar – tal es la ley de la luz y la reflexión.

No obstante, un guerrero podrá proyectar alguna vez, una imagen ficticia con el mero propósito de desorientar a otros. Esto es llamado *acechar.* Hay varios motivos por los cuales un guerrero puede acechar a otros, el más importante lo utilizará cuando trate con los *tiranos insignificantes*. Los *tiranos insignificantes* nunca son personas agradables para tratar; hacen de nuestra vida, de alguna forma, un infortunio, pero el saber tratarlos correctamente también nos puede resultar beneficioso como una experiencia en sí.

Un tirano insignificante nos reflejará nuestras debilidades a modo de espejo. Así el guerrero animará al tirano a perseguirlo a modo de trampa, estrategia ésta, que obligará al guerrero a cambiar sus reacciones rápidamente para no caer en las garras del pequeño tirano. Esto es lo mismo que fastidiar a un león – no sólo es arriesgado, sino que es altamente peligroso. Sin embargo, si el tirano insignificante es adecuadamente acechado, nos dará una buena lección, y nos servirá para sacar a luz el potencial escondido que ignorábamos poseer.

El aprender es la única justificación para la existencia física del hombre; éste es su destino y no podrá evadirlo ante ninguna circunstancia.

El aprender debe ser entendido como un *conocimiento de experiencia*, porque la Senda del Guerrero es un camino práctico y primordial por excelencia. La recopilación de información por sí sola carece de valor, a menos que se sea ilustrada con la práctica en todos los sectores de nuestra vida cotidiana. El único conocimiento que tiene valor es aquel que permite al hombre entender y desdoblar mejor su destino. Este punto puede resultar difícil de ser aceptado por aquéllos que creen que realmente están en control de su propia vida, lamentablemente no hacen más que engañarse a sí mismos pensando así.

Por largo tiempo, el hombre ha estado debatiendo la cuestión del libre albedrío, aun ahora sigue rehusando aceptar que cuenta sólo con dos opciones: ya sea ayudar en la realización de su destino, o simplemente, malograrlo. Si sigue su destino, llevará una vida feliz y próspera; si por otro lado frustra su destino, experimentará sinsabores y miseria.

Muy a menudo y en forma inconsciente, el hombre previene la marcha de su propio destino debido a su condicionamiento social. No nos atrevemos a modificar lo que nuestros congéneres esperan de nosotros.

Sin embargo, el condicionamiento social se basa en una visión del mundo universalmente aceptada, lo cual automáticamente excluye todas las otras visiones, ideas y sentimientos que no conforman con el punto de vista común de la humanidad. No obstante el hombre nunca fue destinado a ser limitado a solo un punto de vista exclusivamente.

EL DESTINO DEL HOMBRE ES APRENDER, A TRAVÉS DE EXPERIENCIAS, LAS INNUMERABLES MANIFESTACIONES DE VIDA CONTENIDAS DENTRO DEL UNIVERSO.

Es perfectamente posible mudar el punto de ensambladura de su posición normal y así obtener una visión del mundo totalmente nueva. Lo que imposibilita a la humanidad hacerlo, es la carencia de conocimiento necesario, el cual no siempre ha sido libremente accesible. Y aunque haya sea accesible debemos de tener presente que nada es gratuito en este mundo. Por la simple razón que siempre terminamos retribuyendo, de una forma u otra, por todo lo que recibimos – hasta los mismos "obsequios" que se nos brindan.

EN ESTE UNIVERSO TODO TIENE SU PRECIO;
HASTA EL CONOCIMIENTO QUE ES TAN IMPORTANTE COMO LA VIDA MISMA DEBE SER ADQUIRIDO A GRAN COSTO Y DEDICACIÓN.

NO PUEDES CAMINAR POR EL SENDERO DEL CONOCIMIENTO SIN VIVIR ESE CONOCIMIENTO;
POR LO TANTO, TU DEVOCIÓN DEBE SER ABSOLUTA.

EL CAMINAR POR ESE SENDERO DEL CONOCIMIENTO NO ES FÁCIL PARA EL HOMBRE; POR LO TANTO, TODO CONOCIMIENTO IMPLICA SER FORZADO.

El ser humano desearía adquirir ese conocimiento de alguna manera fácil, de allí que hoy día haya tantas escuelas prometiendo soluciones metafísicas. Pero como ya ha sido dicho, el verdadero conocimiento es el conocimiento que viene de uno mismo.

Lo más importante que un verdadero maestro espiritual puede enseñar a sus estudiantes, es poner de manifiesto los propios recursos hasta entonces ocultos. Para hacer esto, el maestro espiritual debe forzar a sus estudiantes a descubrir quiénes y qué son en realidad; ésta es una condición esencial, sin ella este conocimiento potencial no podrá florecer. Sin embargo, el solo hecho de tener que enfrentarnos a nosotros mismos y tener que reconocer nuestros propios defectos puede resultar desagradable y hasta aterrador.

No es sorprendente entonces, que muchas personas seleccionen solamente aquellos maestros que sepan halagarlos. El verdadero maestro espiritual, invariablemente, nos reta a enfrentar los aspectos de nosotros mismos que tratamos de ocultar. La única preocupación de tal maestro es que sus estudiantes logren alcanzar el conocimiento que buscan, razón por la cual lo han elegido, a pesar de que a veces no lleguen a ser debidamente reconocidos.

EL CONOCIMIENTO ES SIEMPRE MAYOR Y MÁS PODEROSO QUE EL HOMBRE. CAMINAR LA SENDA DEL CONOCIMIENTO ES LUCHAR POR SOBREVIVIR; POR LO TANTO DEBES ESTAR PREPARADO PARA LUCHAR COMO SI TU VIDA DEPENDIERA DE ELLO.

AL INICIO, NINGÚN HOMBRE SABE LO QUE REALMENTE REPRESENTA EL HECHO DE APRENDER, PORQUE NO SABE AUN LO QUE ES SER UN HOMBRE. POR LO TANTO, DESEA RECOMPENSAS QUE ESTÁN EN CONFLICTO CON SU DESTINO Y QUE POR LO TANTO, NO PUEDEN SER MATERIALIZADAS.

La temática de lo sobrenatural, con sus héroes y actos maravillosos, siempre ha fascinado al hombre. Al oír y leer estas historias, cualquier hombre, mujer o niño, secretamente se ve como el héroe de la historia, el problema es que al no sentirse capaz de tales hazañas en la realidad, se avergonzaría de tener que revelar éstos, sus sueños secretos.

El acondicionamiento social es tal, que no permite a la gente ordinaria hacer lo extraordinario. Sólo los héroes y las heroínas están permitidos, siempre y cuando, éstos permanezcan firmemente ubicados fuera de los parámetros definidos por el condicionamiento social. Para un brujo es aceptable hacer magia, porque los brujos existen fuera de los confines de la gente normal; pero para una secretaria exhibir de improviso poderes mágicos dentro de su oficina, sería considerado como una severa violación de las costumbres sociales. En su miedo de ser excluida de la sociedad o ser vista como anormal, la gente se adhiere desesperadamente a mantenerse dentro de los límites de la conformidad social. Por lo tanto, la única gratificación es albergar sus sueños en forma secreta.

Hombres y mujeres moldean sus vidas en estos sueños secretos, y dependiendo del grado de posibilidad de los mismos, inconscientemente comienzan a proyectar sus deseos internos, miedos y esperanzas al mundo a su alrededor. Si la persona experimenta ira interiormente, eventualmente ve esa ira reflejada en el mundo a su alrededor. Para esa persona, el mundo presenta una actitud agresiva. De la misma manera, si la persona experimenta miedo interno, el mundo a su alrededor se hará cada vez más amenazador y aterrador.

En la realidad, la gente raramente sueña con un sólo tópico, sino con una diversidad de ideas conflictivas. Por esa misma razón, su vida se ve reflejada en la misma extraña combinación de sentimientos y pensamientos. Esto explica el hecho de que las acciones de la gente se vean ser frecuentemente contradictorias. Vemos a un hombre actuar como un verdadero héroe en un tipo particular de incidente, y, sin embargo, en otra situación comportarse como un completo cobarde.

Es importante tener en cuenta que un gran porcentaje de sueños secretos difícilmente emerge a la luz en el estado de conciencia total. En vez, son contenidos en el sombrío mundo de los impulsos emocionales semiconscientes, por lo general debido a un sentimiento de culpabilidad. En este mundo sombrío, estos sueños son alimentados por una cosecha de emociones y deseos suprimidos. Reproduciéndose de una manera muy prolífica, estos sueños producen toda clase de ideas y esperanzas extrañamente distorsionadas que el hombre considera ser las ambiciones de su vida y una reflexión de su verdadero ser.

A la luz de todo esto, no es sorprendente que el hombre no logre saber qué y quién es, o lo que sus deseos y pensamientos debieran ser. Por lo tanto, nadie llega a la Senda del Conocimiento con las expectativas apropiadas o, en este caso, con motivos valederos.

Todo novicio de la Senda del Conocimiento deberá comenzar con una mente "tabula rasa" sin ideas preconcebidas, a fin de descubrir la verdadera naturaleza de ese conocimiento y, más importante aun, la verdadera naturaleza de su ser. Sólo entonces, podrá progresar verdaderamente. Sólo cuando el indagador profundice en las oscuras regiones de la semiconsciencia es cuando llegará a comprender qué completamente aterrador puede ser el conocimiento.

HACER UN ESTUDIO INTROSPECTIVO Y APRENDER LO QUE HAY EN NUESTRO SER INTERIOR NO ES SÓLO ATERRADOR, SINO QUE TAMBIÉN ES LA MÁS AVASALLADORA DE TODAS LAS POSIBLES BÚSQUEDAS.

ACERCARSE AL CONOCIMIENTO ES ANÁLOGO A ENTRAR EN UNA BATALLA PARA SALVAR LA VIDA PROPIA. DE AQUÍ QUE EL GUERRERO SE APROXIME AL CONOCIMIENTO COMPLETAMENTE ALERTA, CON MIEDO, CON RESPETO Y CON TOTAL SERENIDAD. CUALQUIER HOMBRE LO SUFICIENTEMENTE NECIO COMO PARA NO ACERCARSE AL CONOCIMIENTO DE ESTA MANERA, SE ARREPENTIRÁ DE SU ERROR. POR OTRA PARTE SI ES LO SUFICIENTEMENTE SABIO, PARA ACEPTAR SU BÚSQUEDA DE CONOCIMIENTO COMO UN ASUNTO DE VIDA O MUERTE, NO TENDRÁ MOTIVO PARA ARREPENTIRSE, PUESTO QUE TAL ACERCAMIENTO CANCELA LAS ACCIONES DESCUIDADAS DEL NECIO.

El aforismo anterior es conocido como *el escudo de un guerrero* y exige un cuidadoso análisis. En el siguiente capítulo será dado un análisis completo, pero de todos modos, ha sido incluido aquí para recordar que cualquier aproximación al conocimiento es una acción con profundas consecuencias, de la cuál el indagador debe tomar responsabilidad total. Aproximarse al conocimiento de manera casual o frívola es un grave error, porque una vez que algo ha sido aprendido nunca más podrá ser desaprendido. La información puede ser reunida rápidamente, y olvidada igualmente pronto, pero no así, el verdadero conocimiento del ser.

Generalmente el hombre no llega a afianzar el verdadero conocimiento, principalmente porque no sabe realmente qué es lo que busca. La mayoría de la gente vive en la luz reflejada de la superficie de su conciencia, sin atreverse a penetrar en las oscuras profundidades de esa conciencia, y como resultado, nunca alcanzan a sentirse realizados como seres humanos.

No obstante, para obtener verdadero conocimiento, y el poder con el cual utilizar ese conocimiento, una persona debe tener integridad. Debe conocer cada parte de sí mismo en forma íntima. Debe traer todo su potencial a la luz de su conciencia, ya sea, para bien o para mal, sin importar qué aterrador o desagradable estas áreas oscuras aparenten ser. Es por esta razón, que al aprendiz de la Senda del Guerrero se le enseña una técnica llamada *recapitulación.*

Desde el principio de su entrenamiento se espera que todo aprendiz logre recapitular su vida completa en minucioso detalle, retrospectivamente desde la actualidad, hasta finalizar al momento de su nacimiento. Esta tarea no es fácil, ni se logra rápidamente. En la mayoría de los casos una recopilación total lleva muchos años. Si el aprendiz realmente desea tener éxito en el Sendero del Conocimiento debe de ser llevada a cabo a conciencia. Solamente por medio de la recapitulación de su vida como si fuera una unidad, el aprendiz podrá entender su ser en forma total. Esta técnica es explicada detalladamente en el capítulo VIII de este volumen.

Si en verdad hemos asimilado correctamente todo lo dicho hasta ahora sobre el conocimiento, la calidad y naturaleza del mismo serán percibidos muy claramente.

EL VERDADERO CONOCIMIENTO LO CONSTITUYE EL EXPERIMENTAR EL INTERIOR DE UNO MISMO, Y COMO ESTE INTERIOR ES ÚNICO PARA CADA INDIVIDUO, EL CONOCIMIENTO NO PUEDE SER ASIMILADO SINO DEBE SER EXPERIMENTADO.

EL CONOCIMIENTO OBTENIDO POR OTRA PERSONA CARECE DE LA CONFIANZA NECESARIA PARA IMPLEMENTAR ESE CONOCIMIENTO EN NUESTRA PERSONA. LA CONFIANZA SE CULTIVA SOLAMENTE A TRAVÉS DE NUESTRA PROPIA EXPERIENCIA Y PRÁCTICA.

Ningún hombre puede especular basándose en el conocimiento de otra persona; simplemente porque el único conocimiento que podemos utilizar con certeza es aquel conocimiento que hemos adquirido por experiencia exclusivamente personal. Cualquier persona puede leer la teoría de cómo caminar por la cuerda floja, pero tal teoría no le impedirá caerse cuando trate de caminar por la cuerda. Finalmente logrará hacerlo satisfactoriamente sólo por medio de la práctica repetida, y mediante prueba y error.

Ya sabemos que no ayuda que digan que eres guapo cuando te consideras feo. Sólo cuando te creas que eres bien parecido aceptarás halagos sobre tu apariencia; pero la única forma en que creas en tu belleza es creer que eres bello. Se ha dicho que "la belleza está en el ojo del observador", pero aunque este viejo refrán sea usado elocuentemente por casi todo el mundo, realmente nadie lo tiene en cuenta. Es comprensible que lo que pueda ser bello para una persona sea a menudo desagradable para otra. Por ejemplo, hay hombres que encuentran que las mujeres con senos voluptuosos resultan muy atractivas, pero hay otros que prefieren mujeres con senos pequeños y bien redondeados. No obstante, en ambos casos ninguna de estas dos clases de mujeres se verán atractivas, a menos que ellas mismas lo crean así y sientan confianza en sus atributos.

Ambos ejemplos son válidos, dependiendo de cada situación en particular, pero de nuevo aquí, nos encontramos con los devastadores efectos del condicionamiento social. Si un niño es torpe al aprender a caminar, se le dice repetidamente que es torpe. Como adulto se le continúa diciendo qué torpe e inepto era cuando bebé. Tal persona termina creyendo que algo tal como "caminar por la cuerda floja" está totalmente fuera de su alcance. De la misma manera, si la boga actual en revistas de moda favorece a las mujeres con senos grandes, las que tienen senos pequeños se sentirán inadecuadamente dotadas, pero si la moda favorece a las mujeres de pecho plano, las mujeres con senos grandes intentarán esconder sus atributos.

La primera tarea dada a todo aprendiz, es deshacerse en forma sistemática de todo su condicionamiento social, ya que mientras permanezca firmemente aferrado a éste no podrá lograr ningún progreso constructivo. La técnica para lograr esto es llamada *no-hacer*, y es practicada en conjunción con la *recapitulación*. La técnica es explicada completamente en el capítulo IX.

Del mismo modo que una recolección total de la vida de una persona lleva un largo tiempo completar, asimismo el condicionamiento social no puede ser eliminado en una noche. El aprendiz no logrará nada verdaderamente significativo de inmediato, pero trabajando sistemáticamente comenzará a deshacerse de ese condicionamiento en forma gradual. Sucede a menudo que el aprendiz se encuentra con una barrera impenetrable, ya sea en su recapitulación o en su no-hacer. Encuentra obstáculos y a pesar de intentar, parece no recordar nada de valor, ni tampoco se sentirá capaz de poner en práctica su no-hacer.

> *CUANDO UN GUERRERO FRACASA EN DETERMINADA TAREA DEL CONOCIMIENTO NO SIGNIFICA QUE HA SIDO VENCIDO, PORQUE AL CAMINAR LA SENDA DEL CONOCIMIENTO NOS VEMOS EN NECESIDAD DE LUCHAR MUCHAS BATALLAS – ALGUNAS LAS GANAMOS, ALGUNAS LAS PERDEMOS. EL ÉXITO YACE, NO EN CÚANTAS BATALLAS HEMOS GANADO, SINO EN LO BIEN HEMOS LUCHADO.*

Si el aprendiz se encuentra con tal obstáculo, no tiene otro recurso que abrir un camino y continuar luchando. Puede parecerle que está fallando, lo cual no es cierto, siempre habrá fracasos temporales.

Continuando su lucha, el aprendiz se esforzará por modificar su punto de ensambladura. Esto es importante porque seremos incapaces de progresar hasta que podamos lograr este objetivo. Este es el motivo por el cuál los Antiguos Videntes siempre movían a la fuerza el punto de ensambladura de sus aprendices antes de comenzar su instrucción.

Nadie permanece toda su vida con el punto de ensambladura en exactamente la misma posición que cuando nació. A través de la vida, el hombre constantemente lo ajusta inconscientemente. Sin embargo, al hacerlo, se "olvida" de muchas de sus experiencias y el medio por el cual llegó a ese conocimiento.

Para entender este tema correctamente, el punto de ensambladura debe compararse con el sintonizador de una radio. El propósito de tal sintonizador es permitirnos el acceso a ciertas frecuencias de radio que nos dé una estación transmisora particular. Cada vez que movemos el sintonizador entramos en otra banda de frecuencias que por supuesto constituirá otra estación.

El punto de ensambladura del hombre funciona exactamente de la misma manera, permitiéndonos el acceso a ciertos campos de energía que constituyen nuestra visión del mundo. Bajo el impacto de esta visión ganamos ciertas experiencias y conocimiento que son exclusivamente peculiares a esa visual. Si cambiamos a otros campos de energía, también cambiaremos de visual. Esta nueva visual causará que perdamos contacto, u "olvidemos" las experiencias y conocimiento ganados previamente. En realidad, no olvidamos nunca. Es sólo que nuestra visión es cubierta por el impacto de la nueva visión y sus correspondientes experiencias.

Cuando el conocimiento se vea literalmente "cubierto" de esta manera, se convierte en lo que ha sido llamado subliminal o subconsciente. El hecho de que el conocimiento sea subconsciente no implica que deje de afectar nuestras acciones. Al contrario, nuestros pensamientos y sentimientos, y consecuentemente nuestras acciones, están siendo influidos continuamente por este conocimiento subconsciente. A menudo, éste es el motivo por el cual el aprendiz luchará para quebrar un hábito. Tal conocimiento subconsciente tiene la tendencia de emerger inesperadamente, y el aprendiz se encontrará teniendo que concluir un acto, desencadenado por este conocimiento subliminal, antes de darse cuenta de lo que está haciendo realmente. Por lo tanto, es razonable que para poder tener una recolección total y también para poder practicar efectivamente el no-hacer, es necesario retornar el punto de ensambladura a posiciones anteriores. Sólo retornando a posiciones anteriores podremos recobrar el conocimiento ganado ahí, y los hábitos iniciados por esas experiencias.

Es vital entender que no importa que al principio sólo nos encontremos con fracasos aparentes. Tan paradójico como pueda parecer, el éxito en caminar la Senda del Conocimiento no yace en el resultado de nuestra batalla, sino en la calidad de la lucha que entablemos, porque es esta lucha la que nos fuerza a mover nuestro punto de ensambladura. Una vez que podamos moverlo, todo vuelve a su lugar sin dificultad. Lo difícil es desplazarlo en primer lugar. Una vez que este efecto se ha logrado, el camino hacia delante estará libre.

Lo más importante de toda la instrucción dada a un aprendiz es mover el punto de ensambladura. No importa cuál técnica se use o cuál tarea conlleve, el único propósito de cualquier instrucción es guiar al aprendiz en su lucha por hacer flexible su punto de ensambladura.

Asimismo, cuánto mayor la lucha, mayor será al final la flexibilidad del aprendiz. Esto es análogo al programa de entrenamiento para levantar pesas; cuánto más peso hay que levantar, mayor se acrecentará la fuerza. No obstante, los efectos del condicionamiento social son tales que, si la persona hace un intento y no logra éxito, esa persona inmediatamente asume que ha fallado. Por lo tanto, la persona concluye que no tiene la habilidad necesaria, e invariablemente deja de intentar.

El punto importante aquí es definir exactamente qué constituye el llamado fracaso o éxito. Este concepto sólo puede ser entendido en el contexto de lo que significa el caminar una senda particular, sin importar si esta senda es espiritual o de trabajo.

EL VALOR DE UNA SENDA YACE EN LA FORMA EN QUE LA CAMINAS. SI SIENTES QUE LA SENDA QUE CAMINAS NO ES PARA TI, ENTONCES DEBES ABANDONARLA INMEDIATAMENTE. SIN EMBARGO, TU DECISIÓN DE ANDAR UNA SENDA O NO, DEBE BASARSE EN AQUELLA CLARIDAD QUE NACE DE LA VIDA DISCIPLINADA DE UN GUERRERO, NO EN EL MIEDO, NI EN LA AMBICIÓN.

LAS DECISIONES TOMADAS EN LA LUZ SOBRIA DE LA CLARIDAD NO PUEDEN OFENDER A NADIE, Y MUCHO MENOS A TI MISMO.

Como ya hemos visto, al final no importa cuántas batallas hayamos ganado o perdido, lo único que importa es si luchamos o no, y si lo hicimos, lo interesante es cúan bien hemos luchado. ¿Huimos de una batalla por temor, o luchamos valientemente, dando todo lo nuestro?

Ningún guerrero titubeará en admitir que el conocimiento puede algunas veces ser extremadamente aterrador, especialmente aquel conocimiento que hace que nuestro sentido de seguridad se vea amenazado. La mayoría de las personas simplemente no tienen el coraje para pelear una batalla que saben que pondrá a prueba sus creencias e ideas más atesoradas. Casi todas las personas cuando son retadas de esta forma, prefieren dar la vuelta y huir antes que enfrentarse a la posibilidad de tener que renunciar a ideas firmes que siempre han sostenido como la base de todo lo que es importante para ellas. Este miedo a la pérdida puede ser tan abrumador que si un hombre es arrinconado a enfrentarse a una batalla puede hasta recurrir al suicidio, en vez de rendirse.

Huir de una senda porque no puedes enfrentarte a las batallas que acarrea, significa ser un cobarde. Igualmente, darle la espalda a una senda porque no conforma con tus expectativas iniciales, es pura insensatez. La solución no está en ninguna de estas opciones; puesto que una está basada en el miedo, mientras que la otra está basada en la ambición. El miedo y la ambición carecen de sobriedad, y sin sobriedad el fracaso vencerá todo progreso posterior.

Por otro lado, algunas veces vemos que, aunque un hombre se ha dado cuenta que la senda que camina no le conviene, continuará en ella porque carece del coraje para abandonarla. Para tal hombre, abandonar la senda significa tener que reconocer para sí mismo y dar a conocer a los demás que se ha equivocado. El hombre ve esto como una afrenta a sí mismo y posiblemente hasta con aquéllos a su alrededor. En tal caso, el hombre involucrado, en vez de admitir que ha estado equivocado, empezará a defender su senda apasionadamente, intentando justificar sus acciones lo mejor que pueda por medio de la racionalización.

CONSIDERA CUIDADOSAMENTE TODA SENDA, PROBÁNDOLA DE CUALQUIER FORMA QUE CONSIDERES NECESARIA – DESPUÉS PREGÚNTATE, A TI MISMO ¿TIENE CORAZÓN ESTA SENDA?

TODO CAMINO ES IGUAL A OTRO. ALGUNOS CAMINOS SERPENTEAN, OTROS SON DIRECTOS; PERO AL FINAL NINGÚN CAMINO CONDUCE A LUGAR ALGUNO. LA ÚNICA DIFERENCIA ENTRE UN CAMINO Y OTRO ES QUE ALGUNOS TIENEN CORAZÓN Y OTROS NO. LA SENDA CON CORAZÓN TE EDIFICARÁ, TE ALIVIARÁ DE TU CARGA Y TE TRAERÁ FELICIDAD. LA SENDA SIN CORAZÓN TE HARÁ TROPEZAR, TE QUEBRANTARÁ EL ESPÍRITU, Y FINALMENTE TE HARÁ VER TU VIDA CON IRA Y AMARGURA.

El hombre común difícilmente elegirá la senda con corazón, puesto que casi siempre camina la senda que le ha demarcado su condicionamiento social. La mayoría de la gente odia muchas cosas durante su vida, ya sea en su trabajo, en su automóvil, en su casa, a un familiar, o teme a los animales. Consecuentemente pasan la mayor parte de su vida sintiéndose irritables e infelices, muy a menudo maldiciendo su vida en cada instancia, deseando que ésta fuese diferente. Uno constantemente oye comentarios tales como: "¡Si tuviera mejor salud. Si tuviera más dinero. Si mi esposa fuera más comprensiva y cooperativa. Si mis niños me escucharan. Si la situación política del país no fuera tan amenazadora. Si pudiera cambiar el pasado. Si supiera el futuro. Si pudiera . . . !"

Tal hombre o mujer nunca vive el momento presente, por el simple hecho de que se encuentra siempre viviendo en el pasado o en el futuro. Para tal persona, el presente no tiene importancia alguna, porque siempre esta subordinado a un pasado infeliz, o a un futuro incierto. Por supuesto, ésta no es una senda con corazón, porque no ofrece paz ni felicidad, ningún sentido de asombro o de misterio; en su lugar ofrece un desolador viaje que es inhóspito y escueto, aburrido y completamente deprimente.

Si llevamos una vida tan opresiva tenemos poco entusiasmo por luchar cualquier tipo de batalla, puesto que ¿Qué interés hay en vivir una vida así? Lentamente, un sentimiento de "no tener valor" o de "ser inadecuado" comienza a tomar posesión. Dicha persona se ve abrumada por un pesado sentimiento de futilidad y finalmente capitula, rindiendo toda voluntad de continuar luchando. Esto es equivalente a fracasar. Dejar de intentar es ser vencido.

En la vida no puede haber tal fracaso. Perder una batalla de las muchas que tenemos que luchar en la vida no es un fracaso – es solamente una batalla perdida. Lo único que importa es lo que hemos aprendido de la experiencia pasada. Aprendemos de ella siempre y cuando la lucha se haya realizado con dignidad. Es este aprendizaje lo que tiene valor, no el resultado de la batalla. El único fracaso en la vida es el fracaso de no haber luchado.

El guerrero es un hombre que lucha por liberarse del condicionamiento social en que vive; por la libertad de pensar y decidir por sí mismo; por su libertad para mover a voluntad el punto de ensambladura y así abordar cualquier visión del mundo que escoja; y sobretodo, por su libertad de disfrutar de su vida y de las abundantes experiencias que ésta le brinda. Vivir la vida de esta manera no significa que todos nuestros deseos sean automáticamente realizados, puesto que esto depende de nuestro destino en esta vida en particular. No interesa si vivimos en la opulencia de una mansión, o si llevamos una vida humilde en una casa pequeña, nuestro destino se desenvolverá asimismo en forma pacífica y sobria. En esa quietud de vida uno encuentra el júbilo y la felicidad que nacen del saber que uno está caminando por una senda con corazón, puesto que el corazón es donde yace para siempre nuestro destino.

Antes de llegar a conocer quiénes somos realmente y cuál será nuestro verdadero destino, tenemos una gran cantidad de deseos y fantasías que creemos que nos harán felices si estos se llegasen a realizar. Pero cuando nuestro destino por fin se despliegue ante nosotros, nos impresionará en demasía, por la belleza y la maravilla de todo lo que nos tenía reservado. Hasta nuestros sueños más absurdos no podrían compararse ni remotamente con la excelencia y lo excitante de nuestro verdadero destino.

EL GUERRERO ES UN HOMBRE QUE HA APRENDIDO A AMAR LA VIDA Y LAS MUCHAS RIQUEZAS QUE ÉSTA LE OFRECE – SOBRETODO LA OPORTUNIDAD DE ANDAR LA SENDA POR DONDE CAMINA. NO HAY ALEGRÍA MAYOR PARA EL GUERRERO QUE CAMINAR UNA SENDA CON CORAZÓN. EN ESTA SENDA QUE CAMINA, EMOCIONADO POR LA MARAVILLA DE TODO, Y EN SU FELICIDAD DA GRACIAS EN SU CORAZÓN POR ESTE MARAVILLOSO PRIVILEGIO, ABRAZANDO TODO LO QUE ENCUENTRA CON AMOR Y GRATITUD.

Llevar la vida del guerrero que lucha por su libertad es llevar una vida de éxito – éxito en el sentido de caminar una senda con corazón, en la cual nuestro destino se desenvolverá de una forma maravillosa y feliz. En esta senda cada desafío con que el guerrero se encuentra, es otra excitante batalla, una aventura que lo llevará a otras maravillas ocultas. Sin embargo, todo guerrero comienza su vida exactamente como cualquier otro hombre o mujer. El aprendiz a la Senda del Guerrero tiene exactamente los mismos miedos y las mismas dudas que cualquier otro hombre; la única diferencia es que ha tomado su coraje con ambas manos y, habiéndose fortalecido por ello, ha *emprendido el camino a la libertad*.

Una vez que hemos sido lo suficientemente valientes como para aprehender nuestro *fugaz momento de suerte*, un evento llevará a otro hasta que, de repente en medio de una batalla, nos demos cuenta que nuestro comando se ha convertido en el comando del Águila. De ese momento en adelante, seremos seres libres, veremos que el mundo se convierte en nuestra "ostra" y que de ahí en adelante la felicidad fluirá sin cesar.

Esta es la ofrenda que el Águila da al hombre – a todos los hombres que estén dispuestos a intentar, y seguir intentando a cualquier costo. La recompensa, sin embargo, es mucho, mucho más valiosa, que el esfuerzo que lleva alcanzar ese regalo.

EL OSO

Si no eres lo suficientemente fuerte como para luchar, no tienes más opción que aceptar la vida del esclavo. Pero el cazador es un ser libre que no puede someterse a la esclavitud; para él no hay más opción que luchar. Si luego muere en la lucha, por lo menos muere como un hombre libre, y no un esclavo.

CAPÍTULO IV

EN BUSCA DEL PODER

LOS MEJORES CAZADORES NO SON LOS QUE POSEEN UNA APTITUD NATURAL PARA LA CACERÍA, SINO AQUÉLLOS QUE HAN TENIDO QUE LUCHAR LARGA Y DURAMENTE PARA APRENDER CADA TRUCO DEL OFICIO.

Antes de encarar el concepto del *cazador* y qué es lo que significa *estar en busca del poder* debemos primeramente definir a nuestro contrincante. Así que la pregunta obvia es: "¿Qué significa el *poder*?"

No es fácil definir el *poder* sin verse envuelto en una maraña de palabras. Recordemos que en las "Verdades de la Conciencia", el *poder* es definido como la *energía del alineamiento,* cuando los campos de energía dentro de la cápsula se alinean con los campos de energía correspondientes al exterior de ésta, y como resultado de este hecho cierta energía es liberada. El resultado de esta alineación es la percepción. Así que podemos concluir que el *poder es producto de la percepción.*

En realidad, estas dos definiciones tradicionales del *poder* arriba mencionadas, nos revelan muy poco de cómo debemos interpretar *el poder* en la práctica. No nos es posible ver visualmente, ni *el poder,* ni la *percepción,* pero sí podemos detectar el *efecto* de ambos.

El efecto del *poder* es tal vez mejor descrito como *vitalidad,* o alternativamente, *energía.* Si te sientes inspirado mirando un atardecer, el entusiasmo que experimentas es el efecto del *poder,* o el efecto de haber percibido este poder. El entusiasmo o la vitalidad no es *poder,* per se, sino el efecto del *poder,* o más precisamente, el *poder personal**.

De acuerdo con estas definiciones llegamos a establecer que, si el punto de ensambladura está fijo en una posición, como consecuencia, la percepción también lo estará. Esto significa que percibimos todo de acuerdo a ese sistema *de referencias* particular, llamado *visión del mundo*. No será posible cambiar tal visión del mundo, sin mover el punto de ensambladura. La razón yace en que, no se puede tener acceso a campos de energía, excepto a aquéllos que estén en esa posición particular, como tampoco se puede reorganizar los campos de energía a los que ya se ha tenido acceso.

Podemos así apreciar que, la percepción está directamente determinada; primero, por la posición en que se encuentre el punto de ensambladura, y segundo, por la forma en que los campos de hayan sido organizados. Este es un punto de importancia que debe ser correctamente entendido para evitar confusión más adelante.

Para comprender este punto, es necesario entender que el punto de ensambladura del hombre consiste en un hemisferio de luz intensa, aproximadamente del tamaño de una pelota de tenis. Este hemisferio ilumina los campos de energía a los que se ha tenido acceso. Estos campos de energía son haces de luz, no más gruesos que hilos de algodón, y por lo tanto, el vidente los ha asemejado a hilos de luz. Siendo tan delgados, literalmente miles de campos de energía pasan por el punto de ensambladura para alinearse fuera de la cápsula con los campos de energía correspondientes.

No obstante, esta alineación no será necesariamente; A á A, B á B, C á C, ni así sucesivamente; sino que puede ser A á B, ó A á C, o cualquier otra combinación posible. Los campos de energía fuera de la cápsula son idénticos a aquéllos de adentro. La cantidad de permutaciones que afecta la alineación de estos campos es verdaderamente numerosa. Lo que dicta este orden y las consecuencias de la alineación, sigue siendo un misterio hasta para los videntes más avanzados. Bastaría decir que es logrado

* *El término utilizado para referirse a la energía de la alineación en un ser individual, en contraposición con el* poder *universal que se denota simplemente como* poder.

aparentemente por medio de una complicada propiedad denominada *intento.*

Para facilitar aun más este concepto, debemos definir dos expresiones: el *movimiento* del punto de ensambladura, en oposición a un *desplazamiento* de ese punto. Debemos admitir que existe una discrepancia de escasa importancia entre algunos linajes Toltecas referente a cómo estas dos expresiones deberían ser definidas. Para cumplir con los propósitos de este libro, daré a conocer a continuación las definiciones tradicionalmente aceptadas.

Un *movimiento* del punto de ensambladura se define como una *rotación* del punto dentro de su posición normal para producir una *organización* diferente de los campos de energía. Esto es como tratar de mover el sintonizador de una radio para mejorar la calidad del sonido emitido por una estación en particular. Un *desplazamiento* del punto de ensambladura es cuando éste es *relocalizado* para lograr acceso a un grupo totalmente diferente de campos de energía. Este desplazamiento puede estar en cualquier otra posición, sea en la superficie de la cápsula, o dentro de su interior.

La organización de los campos de energía dentro de una alineación específica es la responsable; primero, por una determinada visión que tengamos del mundo, y segundo, por nuestra habilidad de comunicarnos en él. Si conocemos a alguien que use las mismas permutaciones de alineación que nosotros, entonces el arreglo sería A á A, B á B, y así sucesivamente. Con tal persona tendríamos un excelente entendimiento, sin problemas de comunicación. Pero, si por otro lado, conocemos a alguien que use una permutación diametralmente opuesta a la nuestra, entonces la comunicación resultará pésima. Con esta persona experimentaremos constantemente grandes conflictos, sumado a una carencia total de entendimiento.

El problema que se presenta acá es que, si el punto de ensambladura no es movido, nuestra percepción queda rígidamente fijada, como así también, nuestra visión del mundo. Es esta fijación la que causa la repetición fundamentalmente en las acciones habituales, ya sean, físicas, emocionales o mentales. Más aun, también lo contrario puede suceder si la repetición continúa, porque ésta fijará el punto de ensambladura cada vez más, produciendo como resultado, un incremento en monotonía y aburrimiento. Una vez que el aburrimiento se arraigue, nuestro nivel de conciencia comenzará a hacerse sentir en forma más dramática, porque la percepción repetitiva se va haciendo subliminal. Caeremos así en un círculo vicioso del cuál no nos daremos cuenta y contribuirá a que nuestra percepción se vaya haciendo cada vez más repetitiva y aburrida.

A este respecto, es interesante observar la diferencia entre adultos y niños. Los niños tienen el punto de ensambladura naturalmente flexible, excepto en casos cuando su condicionamiento social los obliga a fijarlo. De todos modos, los niños son capaces de variar su punto de ensambladura en forma espontánea y rápida. Por medio de este movimiento, ellos obviamente efectúan cambios constantes en su percepción, que dan paso, no sólo a la novelería, sino también a una abundancia de vitalidad y entusiasmo.

Para poder mover el punto de ensambladura necesitamos *poder personal.* Como principio, sabemos bien que todo movimiento requiere energía, por lo tanto el movilizar o desplazar el punto de ensambladura también cumplirá con este requisito. De hecho, aun para mantener el punto de ensambladura fijo necesitamos utilizar una cantidad considerable de *poder personal.* Obviamente, si ambos, el punto de ensambladura y nuestra visión del mundo están fijos, también lo estará nuestra visión del mundo; entonces la cantidad de *poder personal* que tenemos es proporcional a nuestro nivel de percepción debido a que el poder personal es producto de la percepción. La percepción es a su vez proporcional al nivel de conciencia. Si por ejemplo, estamos medio dormidos como resultado de estar "muertos de aburrimiento", no registraremos la percepción correctamente.

Mientras tanto, si registramos una falta de percepción, esto no significa que no se esté generando *poder personal*; sino que, todo el *poder personal* generado está siendo consumido por esos actos habituales y repetitivos, ya sean físicos, emocionales o mentales, que mantienen el punto de ensambladura fijo.

Si no tenemos excedente de *poder personal* con que mover el punto de ensambladura, ¿Dónde encontraremos ese *poder* adicional? La solución es realmente muy simple, y, sin embargo, más difícil de implementar que de explicar.

Si todo nuestro *poder personal* está siendo consumido por nuestros hábitos, entonces convendría evitar todos los actos innecesarios. Debemos también desarmar esa visión tan rígida del mundo que acostumbramos tener, que es la que perpetúa los hábitos y por lo tanto, mantiene el punto de ensambladura fijo. La única forma para lograrlo es permanecer bien despiertos, es decir, alerta a todo lo que nos rodea, sólo así podremos diferenciar entre lo que es importante, y lo que es innecesario.

Se advierte constantemente a los guerreros poner atención especial a las cosas pequeñas que constituyen su vida cotidiana. Nuestro comportamiento en general, está constituido por la suma total de todos aquellos detalles aparentemente insignificantes que contribuyen a revelar la visión que tenemos del mundo.

Es vital entender que al *querer estar* completamente conscientes, estamos de hecho *intentando* capturar la percepción. Este requisito se torna crucial e indispensable si se intenta caminar la Senda del Guerrero. Se recordará en las Verdades de la Conciencia que es el *intento* el que nos hace percibir. Baste decir por ahora que, cuánto más *intentamos* estar conscientes, mayor será nuestra percepción; y por lo tanto, *más poder* personal será generado.

NO HAY MAGIA – SÓLO HAY INTENTO.

LO QUE LOS NECIOS PERCIBEN COMO MAGIA ES SOLO UNA MANIPULACIÓN DEL INTENTO, Y POR LO TANTO, UN MAGO ES MERAMENTE UN MAESTRO DEL INTENTO.

La importancia de *intentar* estar completamente consciente no termina aquí, ya que hay mucho para tratar sobre este acto crucial. Al luchar por percibir estamos de hecho ejercitando nuestro intento. Porque es la fuerza del *intento* la que nos hace percibir, es también la misma fuerza que es indirectamente responsable de la ubicación del punto de ensambladura. Por lo tanto, manteniendo nuestra visión del mundo, en realidad estamos usando la fuerza del *intento* para mantener el punto de ensambladura fijo en ese lugar determinado.

De acuerdo con lo ya explicado, de ahora en adelante, se nos presentará con más claridad el porqué es tan importante desarmar nuestra visión del mundo. Para lograr tal acción, debemos estar completamente conscientes de cada detalle de nuestra vida cotidiana y, además, reconocer esa visión por lo que es, y tratar de aprender como mantenerla. Una vez que lo logremos, será relativamente simple desarmar esta visión por medio de la técnica que se conoce como el no-hacer.

A continuación trataremos el concepto que se denomina la *búsqueda del poder*. No deberá parecernos difícil ahora entender lo que esto significa. La *búsqueda del poder* es buscar formas por las cuales podamos incrementar nuestro nivel de *poder personal,* para así lograr mantener nuestro punto de ensambladura flexible.

Al manejar este concepto es importante tener en mente que todos somos inherentemente holgazanes. Es siempre más fácil soñar y hablar acerca de tener *poder* que ir en su busca. Sin embargo, si vamos a tener *poder,* debemos actuar – debemos apresar al *poder,* y apresarlo con garra.

UN CAZADOR ES UN HOMBRE EXCEPCIONALMENTE DISCIPLINADO DEBIDO A QUE LOS PARÁMETROS DE SU VIDA SON MUY PRECISOS.

Un cazador es lo suficientemente inteligente como para no asumir que la presa que busca se le aproxime dócilmente para "caer en su trampa" como por accidente. Así, el cazador lleva una vida muy disciplinada, con entera dedicación a su tarea. El cazador es un *discípulo* del arte de la cacería en el sentido más puro de la palabra, y por lo tanto, dirige todos sus esfuerzos hacia la mejor ejecución de su aprendizaje.

SÓLO AQUEL CAZADOR QUE SE ENTREGUE POR ENTERO AL ARTE DE LA CACERÕA, LA PODRA REALIZAR CON ÉXITO.

Ya ha sido mencionado que para poder encausarnos en la *búsqueda del poder* tenemos que estar completamente conscientes en todo momento. Esto, en efecto, significa que debemos *vivir* la conciencia. El cazador que está ocasionalmente consciente, no será un buen cazador. Pronto terminará presa de algún depredador más fuerte que él. Pero estar consciente en todo momento es una gran batalla para aquellas personas que se han acostumbrado a andar por la vida "semi dormidos". Por lo tanto, antes de que podamos convertirnos en cazadores de verdad será necesario introducir algunos serios cambios dentro de nuestras vidas.

LOS VERDADEROS CAMBIOS NUNCA SON FÁCILES –
UN HOMBRE CAMBIARÁ SOLAMENTE CUANDO SE VEA
FORZADO POR LAS CIRCUNSTANCIAS QUE LO OBLIGUEN
A CAMBIAR.

ALGUNAS VECES, HASTA CUANDO UN HOMBRE ES
OBLIGADO A CAMBIAR, REHUSARÁ PRESUNTUOSAMENTE
A HACERLO, A MENOS QUE VISUALICE SUS VENTAJAS
EN EL CAMBIO.

Lamentablemente, cuando un hombre se ve necesitado de hacer un cambio en su vida, se le escuchan continuamente las mismas trilladas quejas: "¡Yo no tengo ningún problema, pero deberías ver los que tiene mi mujer! ¡Te juro, ella sí que tiene un fardo de problemas! Si solamente pudiera convencerla de sus defectos, sólo así podríamos vivir en paz." Este tipo de comentarios es típico del hombre común, sin tener en cuenta si se queja de su esposa, de sus parientes, de su jefe, de su trabajo, o solamente de la vida en general. Es comúnmente conocido como *el juego de las culpas, pasar el fardo, huir del asunto, etc.*

En lugar de andar culpando a otras personas a su alrededor, un buen cazador hace inventario de su vida, incluyendo aquellos cambios que considera necesarios hacer en esa ocasión.

UN BUEN GUERRERO CAMBIARÁ SU FORMA DE SER CUANDO
SURJA LA NECESIDAD.

LOS VERDADEROS CAMBIOS TIENEN LA FUERZA DE UN CATACLISMO Y SON DESENCADENADOS POR LO QUE PARECE SER UN ACTO PEQUEÑO E INSIGNIFICANTE. LOS CAZADORES PERMANECEN A LA EXPECTATIVA DE QUE ESTOS OCURRAN; YA SEA CONSIGO MISMOS O EN SUS PRESAS, Y CONSECUENTEMENTE NO SERÁN SORPRENDIDOS FUERA DE GUARDIA COMO RESULTADO DE ESTOS ACTOS.

No debemos engañarnos creyendo que podemos cambiar nuestras vidas en forma gradual, tales cambios no serían realmente cambios, sino que simplemente formas que hemos inventado para hacer que nuestros viejos hábitos se vean rejuvenecidos y mejorados. Por medio de estas tácticas tratamos de sentirnos mejor acerca de nosotros mismos al fingir que hemos cambiado de forma de ser.

El único cambio dentro de la naturaleza que puede ser llamado gradual es el proceso de envejecimiento, excepto que este proceso se relaciona exclusivamente con la forma física o material. Un hombre terco no se vuelve menos terco con la edad, solamente aparece como menos terco, porque su cuerpo se ha hecho más débil y por lo tanto, parecerá tener menos energía para ponerse malhumorado. Si provocas un poco a tal anciano, verás como te enfrentará retornando a sus viejos hábitos. Todos los cambios verdaderos, hasta aquellos en la naturaleza, son siempre abruptos y de largo alcance.

LOS ÚNICOS CAMBIOS VALEDEROS SON AQUELLOS HECHOS CON SOBRIEDAD.

Es también importante tener en cuenta que para que un cambio sea válido, debe ser un cambio sensato realizado consciente y voluntariamente. Sucede que ocasionalmente una persona hará cambios en su vida como resultado de un turbulento cataclismo emocional. Sin embargo, casi siempre tales cambios desaparecerán con relativa prontitud. Por ejemplo, un hombre puede cambiar su forma de ser como resultado de una conmoción severa, tal vez por una enfermedad o un accidente. Pero a medida que comienza el proceso de curación la conmoción va disminuyendo gradualmente sus efectos y pronto el hombre estará maquinando viejos trucos una vez más.

PARA LOGRAR TENER ÉXITO EN LA SENDA DEL CONOCIMIENTO SE REQUIERE UN CAMBIO QUE ABARQUE TODO POR EXCLUSIVIDAD. ¡DEBES TRANSFORMAR LA ISLA DEL TONAL!

EL HOMBRE ES ESENCIALMENTE UN ESPÍRITU PURO LLAMADO NAGAL, QUE AL NACER TOMA PARA SÍ UN VEHÍCULO FÍSICO LLAMADO EL TONAL.

EL TONAL ES LA PERSONALIDAD DEL HOMBRE. ES COMO UNA ISLA FÍSICA EXISTENTE DENTRO DE UN SER, PURO E INFINITO, DENOMINADO NAGAL. EN ESTA ISLA ESTÁ TODO LO QUE UN INDIVIDUO ENCARNADO NECESITA PARA VIVIR SU VIDA EN EL PLANO FÍSICO.

La *isla del tonal* abarca todo aquello que consideramos como ser directa o indirectamente, parte de nosotros mismos. El *tonal* es el cuerpo físico, la estructura física y la mente. Nuestros pensamientos, sentimientos, nuestras acciones en el plano físico, son todos parte del *tonal.* Si soy pobre, entonces es mi *tonal* el que es pobre, porque el *nagal,* el espíritu, no puede ser nunca pobre. Igualmente si estoy enfermo, entonces, es el *tonal* el que está enfermo. Si estoy furioso, es mi *tonal* el que está furioso. Si carezco de *poder personal,* es mi *tonal* el que carece. Para resumir, el *tonal* es la cápsula luminosa que contiene todos los campos de energía.

Generalmente hablando, si tenemos un nombre para denominar algo o somos capaces de describirlo de una forma u otra, entonces esto constituye un rasgo de la *isla del tonal.* Esto es tan cierto acerca del hombre, como del universo entero, puesto que el *tonal* es la manifestación en todas sus innumerables diferenciaciones físicas, emocionales, mentales y hasta de aquello que llamamos espiritual. El *nagal,* por otro lado, es espíritu puro o mejor dicho un ser puro, significando el espíritu no-manifiesto. El *tonal* es Alguna-Cosa, (algo), mientras que el *nagal* es Ninguna-Cosa (nada).

Todo en nuestras vidas es una característica de nuestra propia *isla del tonal*. Estas características son literalmente el paisaje de la isla, y por lo tanto, constituyen lo que llamamos nuestra visión del mundo. Si la agresión es una característica de nuestra isla, entonces la agresión formará parte de nuestra visión del mundo. Igualmente, si la pobreza es un rasgo de nuestra isla, entonces automáticamente nos veremos a nosotros mismos siendo pobres, y mientras mantengamos esta visión siempre careceremos de los medios necesarios para hacer dinero.

Ni la isla, ni las características de esa isla son un problema es sí mismas. No es que la isla sea mala, ni que sus características sean malas. Más bien, lo que tiende a crear problemas en nuestras vidas, es la forma en que las varias características de la isla han sido organizadas y lo que definirá si la isla será un paraíso, o un infierno. Es importante recordar que en la isla, cada cosa es totalmente necesaria para nuestra vida en el plano físico, y por lo tanto, ni una sola característica de esa isla debe ser perdida o destruida. De hecho, cuando intentamos deshacernos de alguna característica, rápidamente nos damos cuenta de lo imposible que esto representa.

Por lo tanto, la tarea del aprendiz es transformar completamente la *isla del tonal*. Debe reconstruir el paisaje. Esto significa que el aprendiz no sólo debe reconstruir las características, también debe reorganizarlas para que todo en su isla esté ubicado en el lugar correcto. Al hacer esto, las características coexistirán no sólo en mutua harmonía, sino en harmonía con el hombre mismo. El aprendiz convertirá su isla dándole un uso práctico, brindando hospitalidad; más aun, dependiendo de su habilidad y temperamento, para finalmente transformarla en un lugar de gran atractivo.

Para aclarar esto, veamos el ejemplo de la agresión. Me expresaré gráficamente para poder facilitar una mejor interpretación comparando la agresión con una espada. Si la agresión hace su aparición como parte integral de un hombre, él

mismo puede analizarla, y declararla como un arma desagradable y peligrosa. El hombre pasará muchos años tratando de librarse de su agresión por temor a que la gente, por ser agresivo, piense mal de él, y durante este tiempo esconderá su espada lo mejor que pueda. De hecho, podrá esconderla tan bien que nadie creerá que es agresivo. Tal hombre vivirá convencido que aunque no ha logrado librarse de su agresión, al menos, la tiene firmemente bajo su control.

Esta sería una opción que tomaría la mayoría de las personas. No obstante, es una opción pobre, puesto que el hombre al haber escondido su espada y al rehusar usarla, nunca aprenderá a utilizarla apropiadamente. El hombre ha reprimido su agresión y, como en todos los casos de emociones reprimidas, llega un día cuando éste es acorralado tan ferozmente que de inmediato no atinará a otra cosa que desenvainar su espada. Cuando finalmente la tenga en sus manos, años de agresión reprimida surgirán en un fuerte torrente de atroz furia y, no sabiendo como esgrimir la espada con acierto, el hombre dará manotazos con ella descargando una destrucción descontrolada. En su inexperiencia en el manejo de la espada, este mismo hombre, no solamente dañará todo y, a todos a su alrededor, sino que también invariablemente se herirá a sí mismo.

Claramente, ésta no es una opción viable para un cazador que debe saber utilizar todas sus armas con perfecta pericia. El aprendiz a la Senda del Guerrero debe aceptar su agresión, no suprimirla. Esto no significa en ningún momento que, el aprendiz o el cazador, tenga libertad de emplear esta agresión contra el mundo a su alrededor, sino que debe aprender a utilizarla constructivamente para cuando sea necesario.

Al aceptar su agresión, y al practicar astutamente con su espada, el aprendiz se convierte en un hábil espadachín, totalmente competente en el manejo de su arma. La agresión, que es una característica integral del hombre, no ha sido perdida en su *isla del tonal*, sino que ha sido convertida en una posesión de valor, bajo su estricto control. Si surgiera la necesidad, tal hombre alcanzará su espada y en un abrir y cerrar de ojos, y antes de que te des cuenta que te ha golpeado, te habrá dado una "afeitada perfecta", si eso es lo que se requiere. No te causará daño

duradero, puesto que tu barba volverá a crecer ¡si aun insistes en tener una barba! Con toda seguridad, nunca más te meterás con ese hombre. Sin embargo, en lo profundo en tu corazón, te llenarás de admiración por ese ser, puesto que reconocer tal habilidad es algo bello y emocionante.

Si uno quiere obtener éxito en su *búsqueda del poder* hay un cambio total que es necesario realizar, éste es reestructurar las características de la *isla del tonal*. Este cambio significa transformar la isla del tonal. No es tan difícil como aparenta, puesto que lo único que se necesita es que hagamos inventario de nuestras vidas para que sepamos cuales son nuestros valores. Para un cazador no hay aspectos malos en su persona, solamente hay potenciales que no han sido completamente desarrollados. Un potencial que no ha sido desarrollado es considerado un defecto en su isla, pero el cazador sabe que con el correr del tiempo no será más un defecto. El potencial subdesarrollado de la esgrima es de hecho un defecto, pero este potencial cuando es desarrollado, constituye una habilidad de lo más valiosa.

TUS DEBILIDADES SON TUS POTENCIALES NO REALIZADOS.

Para obtener éxito en nuestra *búsqueda del poder*, necesitaremos estar conscientes de todo nuestro potencial. El condicionamiento social nos podrá hacer creer que mucho de nuestro potencial es negativo, este hecho se traduce en que nuestros semejantes nos mantienen esclavizados a ellos y a su visión del mundo. Ningún cazador debe ser restringido de esta manera. El cazador es un ser libre y fluido que camina una senda "con corazón". Para él no hay corazón en una isla en que existen limitaciones psíquicas, emociones reprimidas y rigidez de pensamiento.

Encontramos una belleza increíble en la habilidad con que la isla del cazador ha sido estructurada y, puesto que el cazador es un ser fluido, se ve dispuesto a reformar su isla cuando lo crea necesario. Para él, tales cambios traen desafíos, aun más excitantes, y, ¿Quién sabe que tesoros espirituales desconocidos pueda encontrar en cada reestructuración de su *tonal*?

El secreto para zafarse de las garras del condicionamiento social consiste en que el guerrero sepa ubicarse en una posición más allá del alcance de cualquier manipulación psicológica posible.

EL CAZADOR MANEJA SU MUNDO CON TAL CUIDADO QUE NO DEJA NI UN RASTRO DETRÁS DE SÍ. DEJAR UN RASTRO SERÍA SER CAZADO POR ALGUIEN MÁS PODEROSO QUE ÉL MISMO.

Esto no significa que el cazador se convierta en un recluso, obviamente sería contraproducente. El deber del cazador es operar en el mundo y ser parte de él. Por lo tanto, el cazador no trata de esconderse del mundo, sino que no permite a sí mismo convertirse en la presa.

EL ARTE DEL CAZADOR YACE EN SU HABILIDAD DE ESCOGER AMBOS, EL TIEMPO Y EL LUGAR DÓNDE HACER ACTO DE PRESENCIA. AL ACTUAR DE ESTE MODO, SUS INTERACCIONES CON EL MUNDO SE HACEN CALCULADAS Y FRUGALES, Y POR LO TANTO, EL CAZADOR EVITA AGOTARSE A SÍ MISMO Y AL MUNDO A SU ALREDEDOR.

EL CAZADOR CONFÍA EN SUS HABILIDADES COMO CAZADOR, CONSECUENTEMENTE, NO SIENTE LA NECESIDAD DE PREOCUPARSE.

LA PREOCUPACIÓN CAUSA QUE EL HOMBRE SE AFERRE FRENÉTICAMENTE A SU MUNDO, CUALQUIERA QUE ÉSTE FUERA, Y AL AFERRÁRSELE SE AGOTA A SÍ MISMO Y A SU MUNDO POR IGUAL.

El principal motivo por el cual las personas se convierten en "presas", es que carecen de confianza en sí mismas, y por lo tanto, se sienten siempre necesitadas de aprobación y de apoyo de

aquéllos a su alrededor. Obviamente, si las personas se comportan de esta manera, nunca escaparán de las garras de condicionamiento social, y necesariamente permanecerán para siempre a merced de otros. En este contexto vemos que la preocupación es la causa más debilitante de la dependencia. La gente encontrará todo tipo de motivos por los cuales preocuparse y, sin darse cuenta de que se está haciendo daño a sí misma, terminará debilitando constantemente su propia fuerza y confianza.

Si, por ejemplo, un hombre vive constantemente preocupado por su salud, la preocupación lo drenará de su energía y eventualmente, se verá asediado por todo tipo de dolores, achaques y enfermedades.

Igualmente, si una mujer duda constantemente de que si su esposo en realidad la ama, se aferrará tan frenéticamente a él a través de un comportamiento irracional que al final, éste se cansará de intentar tranquilizarla. Como consecuencia, tal hombre querrá finalmente deshacer sus vínculos con su esposa, no porque no la ame, sino porque se verá como encarcelado y necesitará ir en busca de su propio espacio. Esta situación, por supuesto, hará que la mujer se sienta más insegura y que demande aun más atención. Con el paso del tiempo, el hombre se sentirá como expulsado de su hogar, y es en estas circunstancias, que posiblemente comience a buscar consuelo en los brazos de otra mujer.

En estos dos ejemplos podemos ver claramente el efecto de la preocupación, y cómo por medio de ésta, las personas pueden ser las causantes de ver materializado sus peores miedos. Es probable que ambos, el hombre y la mujer nunca se den cuenta que son ellos mismos los causantes de su propio infortunio. Lamentablemente, ignorarán esta verdad y tenderán a creer que el resultado fue sólo el producto de lo que siempre sospecharon ser cierto.

El cazador, por otra parte, confía en su habilidad para cazar y por lo tanto, tiene la confianza de saber que no es necesario preocuparse. Pero, para poseer tal confianza uno debe cultivarla seleccionando cómo saber interactuar en el mundo a su alrededor. El cazador escoge no buscar la aprobación o el apoyo de otros. No

intenta hacer esta elección con un sentido de arrogancia o reserva, sino simplemente guiado por su propio respeto, reconociendo sus propias habilidades y valor. Como resultado de este sentimiento, el cazador también mantiene un profundo respeto por el mundo a su alrededor, puesto que sabe que si va a vivir de ese mundo, debe vivir en harmonía con él.

EL CAZADOR VIVE ÍNTIMAMENTE RELACIONADO CON SU MUNDO, Y, SIN EMBARGO, SE MANTIENE DESAPEGADO DE ÉL.

Es por medio de este *desapego* que el cazador no se ve afectado por el mundo a su alrededor. Sin embargo, el hecho de que el cazador esté íntimamente familiarizado con su mundo significa que está desapegado en el sentido de que escoge cómo interactuar con ese mundo. Este desapego no debe confundirse con indiferencia. Esta distinción es muy importante, y requiere considerable habilidad para lograrla.

Ningún cazador logrará éxito en su caza si no conoce cada ínfimo detalle del mundo en que vive. No obstante, es aquí donde yace un serio peligro, si este hombre se involucra por entero con el mundo, el resultado será que su juicio se verá perjudicado. Por ejemplo, un cazador puede intimar tanto con la presa que caza que se verá incapacitado para cazarla. Por otro lado, si el cazador siente indiferencia por su mundo, entonces hasta llegará a saquearlo por el mero propósito de divertirse. En ambos casos el cazador terminará muriéndose de inanición; porque amará tanto a los animales que no podrá cazarlos, ó sino por el contrario, la falta de responsabilidad lo hará cazar indiscriminadamente hasta aniquilar a todos aquellos a su alcance.

El cazador no saquea su mundo – toma de él lo que realmente necesita. De esta manera asegura que su arca, ya sea de amigos, comida, felicidad o poder, nunca se vea vacía.

Es importante entender que ser un cazador implica considerablemente, más que saber cazar. El verdadero cazador es también algo psicólogo. Su experiencia le ha llevado a observar de cerca los actos rutinarios y el comportamiento previsible de ambos, hombre y animal, y consecuentemente ha llegado a conocer la importancia que tiene estudiar la presa que caza.

PARA PODER ATRAPAR LA PRESA EL CAZADOR NO SOLAMENTE DEBE CONOCER LAS RUTINAS DE SU PRESA, SINO QUE DEBE SER MÁS LISTO QUE ÉSTA.

Si un cazador tiende su trampa de tal manera que revele sus motivos, el animal que pretende cazar no será tan tonto de caer en ella. Consecuentemente, el cazador debe tender su trampa tan ingeniosamente como para que su presa caiga en ella totalmente despistada, y por ende, quede así atrapada. El cazador está bien consciente que, así como él es un depredador, hay depredadores que dada la oportunidad, no titubearán en cazarlo. Entonces para evitar convertirse en víctima, el cazador se cuida de no cometer los mismos errores que la presa que ha aprendido a acechar. De esta manera, el cazador se asegura que sus movimientos y acciones sean siempre imprevisibles.

SER PREVISIBLE ES CONVERTIRSE EN LA PRESA.

Hablando en términos generales, el hombre común es muy previsible. Este constituye una presa fácil para cualquiera que desee cazarlo debido a la rigidez de las rutinas pesadas que lo consumen.

Tomemos un hombre, por ejemplo, que siempre almuerza a las 13:00 horas en aquel tranquilo restaurante a la vuelta de su oficina. El hombre siempre termina su trabajo a las 17:00 horas, corre a la estación a tomar el tren de las 17:25 que lo transportará a su casa. El buen señor sigue esta rutina cinco días a la semana, mes tras mes. Cualquiera que quisiera acorralar a este hombre no tendría problemas en hacerlo; todo lo que se requiere es esperarlo en su mesa favorita del restaurante a la hora asignada, o en la estación antes de las 17:25.

Por otro lado, no sería tan fácil acorralar a un hombre que almuerza a veces, y cuando lo hace siempre va a restaurantes diferentes. No sería fácil encontrarlo en su camino a casa, si algunas veces corre a tomar el primer tren, algunas veces se queda más en la oficina, o hace algunas compras antes de tomar el autobús para visitar a un amigo en su camino a casa. Claramente, tal hombre es imprevisible, y aunque sus horas de oficina sean fijas, siempre encontrará maneras de hacer que esas horas parezcan imprevisibles.

Estos ejemplos ilustran solamente las rutinas físicas que siguen las personas, pero es de vital importancia darse cuenta que las respuestas emocionales habituales y padrones rígidos de pensamiento, también afectan nuestra vulnerabilidad. Más aun, hacerse vulnerable no sólo significa hacerse vulnerable en el sentido de ser acechado por otros, sino dejarse exponer a las fuerzas que operan nuestras vidas.

Dejamos de ser fluidos cuando nuestras reacciones se vuelven previsibles. Esto no sólo nos hace vulnerables, sino que también contribuye a fijar el punto de ensambladura firmemente en una visión particular del mundo prevaleciente en ese determinado momento. Como ya hemos notado, no es el destino del hombre estar limitado a una visión particular del mundo; el hombre debe aprender experimentando todas las posibilidades inherentes a la vida. Si, por lo tanto, nos adherimos a nuestra visión del mundo, las fuerzas de nuestro destino comenzarán a acecharnos en un intento de hacernos fluidos nuevamente.

EL BUEN CAZADOR ACEPTA QUE, TANTO ÉL COMO LAS DEMÁS CRIATURAS QUE LO RODEAN ESTÉN GUIADOS POR FUERZAS SUPERIORES DENTRO DEL UNIVERSO. ESTAS SON LAS MISMAS FUERZAS QUE DICTAN LAS CIRCUNSTANCIAS DE LA VIDA Y DE LA MUERTE.

Este importante punto no sólo nos recuerda que podemos ser acechados por depredadores, sino que también, por las fuerzas de nuestro destino, sin dejar tampoco de considerar ciertas cuestiones de ética y de moral. Aparte de la riqueza material, los conceptos de ética y de moral frecuentemente plagan y confunden al hombre causándole grandes preocupaciones. De hecho, las cuestiones que rodean el dinero, la ética y la moral, generalmente mantienen al hombre firmemente atrincherado en su condicionamiento social.

Cuando un cazador necesita comer, tiende su trampa, si cuando regresa encuentra un animal en ella, lo sacrifica inmediatamente en callada gratitud. El cazador sabe que no fue su astucia, ni su trampa las que atraparon al animal, sino las fuerzas del destino que guiaron al animal a su trampa.

El destino de este animal en particular era alimentar al cazador. Sabiendo esto, el cazador no tiene compasión por el animal y no lo libera, puesto que hacerlo sería negarle al animal su destino. Ningún cazador digno de su nombre aspirará a interferir con el destino de otro ser. Tal acto implicaría que es más sabio que todas esas fuerzas que dictan la vida y la muerte de todas las criaturas, incluyendo a sí mismo. Ningún verdadero cazador asumiría tal arrogancia.

EN EL ANÁLISIS FINAL, ¿QUÉ ES MÁS IMPORTANTE QUE LA VIDA Y LA MUERTE? LAS FUERZAS QUE COMANDAN A ÉSTAS SON LAS QUE REALMENTE REINAN SOBRE TODAS LAS CRIATURAS.

Uno de los peores crímenes contra la humanidad es la lástima; no sólo contra la humanidad sino de hecho, contra todas las formas de vida en general. Debemos siempre cuidarnos de aquellos bienhechores que manifiestas lástima por todo el mundo y por todo a su alrededor. Tales personas no demuestran respeto por el destino de otros seres, y su única aspiración en la vida es inmiscuirse e interferir donde no son llamados. Estas personas siempre protestarán a toda voz, bajo el estandarte de la moralidad y la decencia común; pero nunca se detienen a considerar los posibles efectos de sus acciones. Tanto el individuo, como el desarrollo completo de la conciencia, sufren en las manos de estas personas, no importan cuales sean sus motivos.

Cuando surgen ocasiones donde es necesario extender una ayuda, el cazador entrega su asistencia voluntariamente y sin reservas; pero un cazador nunca dará ayuda si ve que realmente no es preciso hacerlo. Dar asistencia cuando no se necesita es hacerle una injusticia a la persona.

Aunque el cazador no presume interferir con las fuerzas que guían la vida y la muerte de todas las criaturas, pone completa responsabilidad de sus actos. Si encuentra dos animales en su trampa cuando sólo necesita uno, tomará solamente uno y liberará al otro. Tomar ambos significaría que el cazador ha sucumbido a la avaricia o a la preocupación, y esto, por supuesto, lo hará vulnerable. Más aun, el guerrero trata a su mundo con un cuidado infinito, y como tal no se aprovecha. Tal es la disciplina del cazador, y tal es la integridad de su espíritu.

Para entender las sutilezas involucradas en la *búsqueda del poder* hay que considerar qué cruciales son esa disciplina e integridad. Hasta este momento, sólo hemos visto el entrenamiento del cazador, pero obviamente el principal propósito del entrenamiento es que pueda aprender a cazar la presa más ansiada, el *poder.* El entrenamiento no es fácil, y presupone una meticulosa atención al detalle para lograr finalmente adquirir la disciplina y la integridad que un cazador requiere.

Sin este cuidadoso entrenamiento, ningún hombre podrá considerarse victorioso en su *búsqueda del poder*, porque ir en acecho del *poder* es infinitamente más difícil que acechar animales o personas. No sólo son los animales y las personas extremadamente previsibles, sino que son tangibles. El *poder,* por otra parte, es siempre absolutamente imprevisible y ciertamente intangible. El cazar una presa que es intangible e imprevisible no sólo es un desafío muy difícil, sino que es altamente peligroso.

Para acechar el *poder* uno necesita manejarse con infinito cuidado y con un sentido de conciencia muy desarrollado. El cazador que se abre camino entre los matorrales como si fuese una aplanadora no sólo asustará a su presa, sino que probablemente caerá él mismo víctima de algo o alguien más fuerte que él. En este respecto, es divertido observar como muchas personas con buenas intenciones, pero mal aconsejados, corren a buscar reconocimiento cada vez que aparece una oportunidad. Estas personas quedan muy excitadas en un estado de frenesí espiritual, aclamando sus descubrimientos en voz alta con excitación infantil. Al observarlos, uno sólo puede llegar a la conclusión que, efectivamente, son como niños – niños con rifles de juguete, jugando a ser cazadores.

Basándose en su entrenamiento, el cazador ha llegado a entender lo que significa estar en *búsqueda del poder*. El cazador habiendo adquirido este conocimiento, no se abandona a la caza, porque sabe que su presa, al ser intangible e imprevisible, lo puede guiar a una trampa mortal. Este es un punto importante que debe ser bien entendido.

El único motivo para conseguir este *poder* es permitirnos tener suficiente *poder personal* para reclamar nuestra libertad. Pero para poder reclamar esa libertad también debemos reclamar nuestro *poder personal*, puesto que el Águila no imparte el don de la libertad a aquéllos que no sean lo suficientemente fuertes como para luchar para obtener su *poder personal*. La única manera de hacerse fuerte es luchando, y por cuánto más difícil es la batalla, más fuerte nos hacemos. Por esta razón, el cazador, a diferencia del hombre común, no se queja de los desafíos con que se enfrenta. El cazador sabe que cuán mayor sea el desafío, mayor será su recompensa de *poder*.

Con respecto a este punto, el cazador también reconoce que las fuerzas que lo guían en su vida por el mundo, no le mostrarán ninguna lástima, ni compasión. Otorgarle compasión al cazador, significaría negarle la oportunidad de luchar por la victoria y condenarlo a una vida de esclavitud.

> *SI NO ERES LO SUFICIENTEMENTE FUERTE COMO PARA LUCHAR, NO TIENES MÁS OPCIÓN QUE ACEPTAR LA VIDA DEL ESCLAVO. EL CAZADOR ES UN SER LIBRE QUE NO PUEDE SOMETERSE A LA ESCLAVITUD. PARA ÉL NO HAY MÁS OPCIÓN QUE LUCHAR. SI MUERE EN ESA LUCHA, POR LO MENOS MORIRÁ COMO UN SER LIBRE, Y NO COMO UN ESCLAVO.*

En la vida de todo hombre llega un momento cuando éste sabe que no puede continuar siendo un esclavo. De ese momento en adelante, si ha sido entrenado o no como cazador entra en el estado anímico de un cazador.

No queriendo entregarse a nada, y menos a la esclavitud, el cazador no quiere desperdiciar su *poder personal* haciendo una movida torpe. Así, se sienta calladamente a hacer inventario de su vida y de su situación. Sabe que él mismo ha hecho su *llamado al poder*, y que ha sido entrenado para equiparse para esta cacería. El cazador también toma en cuenta las reglas de esa caza con sumo cuidado. Las reglas son bastante simples, pero también mortales – *no dar cuartel y no recibir cuartel; el ganador se queda con todo.*

El cazador sería un necio si no sopesara sus opciones con cuidado en una batalla en la que hay tanto en juego Si el cazador gana la batalla habrá ganado suficiente *poder personal* para reclamar su libertad; pero si pierde, pierde todo. Claramente el cazador no puede entrar a tal batalla imprudentemente.

EL CAZADOR NO OBEDECE A LOS DESEOS DE NADIE MÁS QUE A LOS SUYOS PROPIOS. SI ENTRA EN UN CURSO DE ACCIÓN ES PORQUE ESTÁ COMPLETAMENTE CONSCIENTE DE LOS POSIBLES RESULTADOS DE SUS ACCIONES.

EL CAZADOR NUNCA SE EXPONE A SER VÍCTIMA. TOMA PRECAUCIÓN EN SUS ACCIONES PARA ENFRENTAR LO INESPERADO, Y POR LO TANTO, NUNCA ES TOMADO POR SORPRESA. DE ESTA FORMA EVITA LO QUE LOS NECIOS CONSIDERAN SER UN ACCIDENTE.

Habiendo hecho inventario de su vida, el cazador se da cuenta que no tiene otra opción que luchar aunque los riesgos sean muy altos. Tal es la ironía de andar por la Senda del Conocimiento. En nuestra lucha por liberarnos de la esclavitud del condicionamiento social, nos encontramos, por lo contrario, siendo esclavos del *poder.*

El hombre común cree que tiene libertad para escoger, pero el cazador es un hombre que ha llegado a ver la futilidad de esta creencia. Para él sólo existen dos opciones; ya sea, luchar para liberarse del condicionamiento social, o resistirse a luchar y en su locura terminar uniéndose a sus semejantes. Obviamente, la segunda opción es una que el cazador no puede nunca aceptar, lo que significa que en efecto, no tiene opciones.

Para entender este concepto correctamente, debemos recordar que el cazador se ha convertido en tal, con el fin de huir de los confines del condicionamiento social. Toma este curso de acción para obtener suficiente *poder personal* con el cual escoger su propio sistema de referencias. Habiendo llegado tan lejos, ya no tiene posibilidad de volverse atrás, porque el mundo que ha dejado atrás, ya no es el mundo en el que quiere vivir. A la luz de esto, se da cuenta que ya no tiene nada más que perder sino su propia vida – pero, ¿qué valor tiene esta vida si la transcurre encadenado a su prójimo?

Este preciso momento en la vida del cazador es siempre muy conmovedor. Es en esta coyuntura que el cazador sabe que no tiene opción. Sin embargo, aventurarse en lo desconocido requiere todo su coraje, y más, porque sabe que va en un viaje sin retorno. Tal viaje significa que el cazador debe deshacerse de todo lo que ha conocido hasta ese momento. En efecto, el mundo que ha conocido no es el mundo donde desea permanecer; pero ha sido el único mundo que el cazador ha conocido, y el que guarda en el campo espiritual lo que él considera valioso. Después de todo, fue el mundo donde primero aprendió a soñar con la libertad y el *poder* y, es dónde dio sus primeros pasos en el aprendizaje para convertirse en cazador.

Sólo cuando el cazador llega a esta encrucijada es que realmente comienza a experimentar el impacto de las fuerzas que lo han guiado por su vida. Ahora, en retrospectiva, puede ver el propósito de todo lo que le ha sucedido y cómo esas experiencias lo han acompañado hasta donde hoy se encuentra erguido. Aunque su destino sea aun vago y esté encerrado en el futuro, ya entiende lo suficiente como para darse cuenta que todo estaba ya predispuesto, tanto su llamado al *poder*, como su consecuente entrenamiento como guerrero. Es ahí cuando sabe, más allá de toda duda, que su llamado al *poder* es irrevocable.

Para hacer el concepto del llamado al *poder* un poco más comprensible consideremos la siguiente analogía. Tomemos como ejemplo a un niño, y el hecho de que el destino del hombre sea caminar erguido.

Cuando un bebé nace no sabe caminar de inmediato. Por un largo tiempo permanece perfectamente contento con yacer y mover sus miembros al azar. Entonces empieza a agitarse para sentarse, pero al principio solamente lo puede hacer sostenido con almohadas como soporte. Transcurre más tiempo hasta que el infante adquiere suficiente fortaleza muscular para empezar a gatear. Esto es análogo al entrenamiento del guerrero. Con su recién hallada libertad comienza a explorar su mundo. El niño ahora al aprender a gatear empieza a distinguir ciertos aspectos del mundo a su alrededor. A través de la prueba y el error pronto aprende a elegir a qué dirección gatear y qué objetos tocar.

Entonces llega el día en que el niño se hace lo suficientemente fuerte, y repentinamente se yergue. Parece ser un acto bastante simple, pero el cambio es drástico. Por medio de este acto, el niño ha tomado su postura para caminar. El niño puede aun carecer de suficiente coordinación muscular, puede estar medio tambaleante en las rodillas y carente de equilibrio, pero una cosa conducirá a otra, hasta que finalmente caminará, para después correr. El llamado del niño a caminar es irreversible, porque, a menos que haya nacido inválido, es su destino caminar erguido.

Ninguno de nosotros puede evitar las fuerzas que nos guían a través de nuestra vida. Nuestro destino, cualquiera que sea, debe ser cumplido. El cazador acepta este hecho, y al hacerlo toma inventario de sí mismo y de su nueva vida. Así como un niño se tambalea en sus primeros pasos, el cazador lo hará al entrar en la Senda del Poder.

AL COMENZAR SU BÚSQUEDA DEL PODER, EL CAZADOR SABE QUE SU INEXPERIENCIA LE CAUSARÁ CIERTO DESEQUILIBRIO. PERO, EL ESTAR COMPLETAMENTE ALERTA Y EL CULTIVAR LA QUIETUD DE LA VIDA, LE PERMITIRÁ ENCONTRAR EL EQUILIBRIO NECESARIO PARA SU ESPÍRITU.

Si volvemos a nuestra analogía del niño aprendiendo a caminar, vemos que cuando el niño tiene que descender unos escalones por primera vez, se expondrá al grave peligro de caerse o hasta de matarse. Sin embargo, no tiene porque haber peligro, siempre y cuando, se mantenga totalmente consciente, y no intente bajar tres peldaños a la vez.

El cazador con su entrenamiento en mente, se aproxima a la Senda del Poder de la misma manera. Totalmente consciente del peligro que encara al cazar una presa intangible e imprevisible, se moverá calladamente y con gran cautela. De esta manera comenzará a construir la confianza que necesita para sentirse estable y para luchar en cualquier batalla imprevisible que el *poder* pueda colocar en su camino.

NUESTRA FALTA DE EQUILIBRIO SE DEBE A LA SUMA TOTAL DE TODOS NUESTROS ACTOS.

Para los Toltecas este aforismo es vital en la aplicación del conocimiento y de la práctica. Cuando huimos de nuestras experiencias, ya sea, ignorándolas, o manejándolas descuidadamente, nos desequilibramos. En esta oportunidad, cuando nos encontramos fuera de equilibrio la reacción más natural es pausar, o detenerse por un momento, para volver a recobrarlo. Es este *pausar* lo que es definido como la *quietud de la vida*.

La vida es indiscutiblemente un *continium,* pero un *continium* que consiste en erupciones intermitentes de poder, o sea, pulsaciones. El cazador se mueve con las pulsaciones de la vida pausando previo a todo acto. De esta manera puede concentrarse con total atención antes de dar el salto. Al dar su atención indivisa a cada uno de sus actos, el juicio del cazador se torna impecable y su espíritu nunca se hallará fuera de equilibrio – el cazador está con su consciencia *bien despierta*.

Al vivir con esta disciplina, el guerrero está en completo control de cada situación de su vida. Notemos que dije situación. El cazador no está en control de su vida, como tal, porque este control no está en sus manos, está en las manos de aquellas fuerzas que guían su vida.

Al estar en control de cada situación de su vida, el guerrero tiene la estabilidad y la confianza necesarias para comenzar su batalla en busca del *poder.* No obstante, sigue dolorosamente consciente de la pobreza de sus recursos como humano. Por lo tanto, el guerrero experimenta *miedo.* No un miedo debilitante, sino que un miedo que lo mantiene alerta y bien despierto. Es el miedo que viene de saber que las reglas de la caza excluyen lástima y compasión.

Sabiendo las reglas de la caza, y porqué tienen que ser tan intransigentes, el cazador se llena de un profundo *respeto* por su oponente. En las profundidades de su corazón el cazador siente que esta batalla es la más noble. No tiene duda que estará llena de trucos, pero también sabe que el resultado será justo, y que el ganador se llevará todo. Tal batalla, batida con altura, cuyo resultado es obtenido con honor, es la más noble de todas las batallas.

Habiendo llegado tan lejos, el cazador no tiene otro recurso que sentarse tranquilamente y esperar. No tiene prisa, puesto que sabe que ahora que ha hecho su llamado al *poder* las fuerzas que guían su destino lo buscarán y la batalla comenzará. El cazador sabe que no tiene sentido convertirse en un cobarde o intentar esconderse, puesto que las fuerzas que rigen su destino lo cazarán indefectiblemente, y lo confrontarán a la vuelta de cada esquina. Dándose cuenta de que su única oportunidad de supervivencia es permanecer en su terreno y pelear, el cazador se colma de un sentimiento de *total confianza*. Después de todo, ¿qué puede perder, excepto una vida que para él ya perdió su significado?

Así es como el cazador se aproxima a su batalla en busca de *poder* estando: *bien despierto, temeroso, respetuoso, y totalmente confiado.* Este es su *escudo.* Frente a las tremendas dificultades que tendrá que encarar, tal vez no sea mucho lo que tiene, pero es todo lo que tiene. Se ha entrenado por largo tiempo y con tanto rigor que está preparado para usar toda su capacidad con su máximo grado de integridad.

Esta es la naturaleza del destino del cazador, su estado de ánimo no acepta melancolía, ni pesimismo. Tampoco se siente afligido por ningún tipo de remordimiento, resentimiento, o amargura. Al contrario, se siente privilegiado y optimista. Sí, se siente privilegiado, porque se ve tan afortunado de haber sido seleccionado entre tanta gente para ir en busca del *poder;* también se siente optimista para el combate, optimista porque sabe que lo peor que le puede suceder es que su destino se desmantele, y esto es, después de todo, lo que ha estado buscando siempre.

Para el cazador éste es un momento tan maravilloso que siente que se le corta la respiración; un maravilloso sueño hecho realidad, un desafío que exigió su máxima integridad, y la lucha más audaz. Tal presente no podría justificar más honor.

En ese momento, el cazador ha dado su primer paso en el camino sin regreso, porque aunque si su llamado al *poder* fuese reversible, él no consideraría de ninguna manera retornar. Vemos un vago reflejo de este aspecto en los soldados que han combatido por largo tiempo en una guerra. Cuando la guerra llega a su fin y estos soldados finalmente regresan a su hogar, frecuentemente, hayan que no pueden acomodarse nuevamente en sus nichos habituales – ni en sus hogares, ni con sus esposas o familia. Esto invariablemente es racionalizado en la forma de un diagnóstico lógico, pero la verdad es que esos hombres han vivido por demasiado tiempo entre la vida y la muerte. Por medio de sus experiencias han descubierto aspectos de sí mismos, y de la vida que los han alienado para siempre de la bulla de la existencia que tenían antes de ser enrolados en la guerra.

EL ÚNICO Y VERDADERO HONOR QUE LEGÍTIMAMENTE PODEMOS RECLAMAR ES SEGUIR EL EJEMPLO DE DISCIPLINA Y PERICIA DEL CAZADOR RECORDANDO ADEMÁS QUE LA ÚNICA JUSTIFICACIÓN POSIBLE PARA NUESTRA EXISTENCIA ES BUSCAR LA INTEGRIDAD DE SU ESPÍRITU EN NOSOTROS MISMOS.

EL LEÓN

Habiendo vivido la esencia misma de la vida y de la muerte, ¡no hay nada en el mundo que un guerrero no logre enfrentar!

CAPÍTULO V

EL DESAFÍO DEL GUERRERO

NINGÚN HOMBRE PUEDE SOBREVIVIR EN EL CAMINO DEL CONOCIMIENTO, SI NO ESTÁ PREPARADO PARA ABRAZAR LA MUERTE. LA MUERTE ES LA MEJOR CONSEJERA DEL GUERRERO.

Habiendo hecho su llamado al poder, y habiendo sido entrenado en las pericias que presupone la búsqueda de éste, el cazador ahora solamente necesita adquirir la experiencia práctica necesaria. Es por medio de la experiencia que se graduará al nivel de *guerrero*, puesto que la única diferencia entre un *cazador* y un *guerrero* es precisamente el grado de experiencia. El cazador carente de ésta, sabe poco acerca de los asuntos prácticos involucrados en la búsqueda del *poder.* El guerrero, por otra parte, es un hombre sazonado en la batalla por el *poder.*

NO DEPENDE DE NOSOTROS DECIDIR SI NOS CONVERTIRNOS EN GUERREROS O NO; ESTA DECISIÓN YACE EXCLUSIVAMENTE CON AQUELLAS FUERZAS QUE GUÍAN LA VIDA DE TODAS LAS CRIATURAS DE LA TIERRA.

Este aforismo causa frecuentes preocupaciones y dudas innecesarias al aprendiz. Sin embargo, si se recuerda que el entrenamiento de ambos, el cazador y el guerrero, es idéntico, entonces no habrá necesidad de más explicaciones. En el análisis final, lo que constituye la diferencia entre un individuo y el siguiente es solamente el grado de experiencia práctica adquirida.

A este respecto, deberíamos tener en mente que la experiencia no puede ser preparada de antemano, puesto que permanece independiente a todo control. Ningún hombre puede evitar o cambiar su destino, y es precisamente este destino el que determina las experiencias que tendrá en una vida en particular. Todo lo que se requiere de nosotros es ayudar al despliegue de este destino cooperando inteligentemente con aquellas fuerzas que nos guían a través de nuestras vidas. Al hacer esto usamos todas nuestras oportunidades y así ganamos el máximo de nuestra experiencia. La meta principal de las enseñanzas Toltecas es la cooperación inteligente con las fuerzas de nuestro destino. Todo lo que se le enseña a un aprendiz, incluyendo el movimiento del punto de ensambladura, está orientado a adquirir precisamente esta pericia.

Un punto importante, que es muy a menudo ignorado y que debe ser enfatizado aquí, es que las experiencias de la vida del hombre común, del cazador y del guerrero, forman un triángulo que es vital para que un ser sea calificado como un verdadero Tolteca. Cuando a este triángulo no se le otorga la importancia que merece, la gente erróneamente tiende a pensar que ser un Tolteca significa renegar del mundo. Este es un concepto totalmente equivocado, por la simple razón de que un guerrero, así como un cazador, nunca reniega del mundo, el hacerlo sería renegar de su humanidad.

Estos tres tipos de experiencia constituyen tres *cualidades* distintas de la conciencia humana, no obstante, interactivas y por lo tanto interdependientes. El aprendiz debe perfeccionar al máximo estas tres cualidades de la conciencia y aplicarlas con sumo cuidado en su trayecto por la vida. Es una locura pensar que un hombre se convertirá en un *hombre de conocimiento* si negara aquellas mismas cualidades que constituyen su humanidad. En la *isla del tonal* se encuentra todo lo imprescindible para adquirir la experiencia necesaria para convertirnos en guerreros. Ni una sola cosa en esta isla puede ser excluida, esto incluye nuestros diferentes niveles o cualidades de conciencia.

Tanto el cazador como el guerrero entienden que, el único propósito verdadero de la existencia humana sobre la tierra es lograr el estado de *consciencia total*. El guerrero por medio de sus experiencias ha llegado también a la conclusión de que el conocimiento es en realidad *poder.*

Esto no es difícil de entender si recordamos que el *poder* es la energía de la alineación. Cuando adquirimos conocimiento a través de la experiencia, significa que hemos percibido algo por medio de esa experiencia, de lo cual no estábamos conscientes antes. Tal percepción es por supuesto, el resultado de una alineación que, a su vez, ha generado *poder.* Es innecesario recalcar que esto se aplica solamente al *conocimiento* y no a la *información.* Deberíamos recordar que la información es meramente teoría, mientras que el conocimiento es algo adquirido por medio de la experiencia. A menos que sean puestas en práctica, la información y la teoría *no* tienen *poder,* pero el conocimiento sí *es poder*.

Por lo tanto, si vamos a tener *poder,* debemos darle la mejor utilización a todas nuestras experiencias. Esto efectivamente significa que debemos luchar por *percibir* lo más posible. Es esta lucha por la percepción lo que constituye la búsqueda del *poder,* pero puesto que el *poder* es un oponente intangible e imprevisible, la vida del guerrero se convierte en un desafío inacabable.

EL GUERRERO VIVE BASÁNDOSE EN DESAFÍOS; POR LO TANTO SU VIDA ES UNA ESTRATEGIA DISCIPLINADA.

Obviamente, uno no podrá lograr éxito al buscar *poder* si está viviendo una vida indisciplinada en un estado semiconsciente. Para entrar en la búsqueda del *poder,* como ya hemos visto, se nos exige hábitos disciplinados y la vigilancia constante del cazador. Sin embargo, este requisito de disciplina puede, a menudo, ser mal interpretado. En su esfuerzo por mantenerse completamente consciente, el aprendiz intentará desesperadamente analizar y entender cada evento de su vida cotidiana. Esto no tiene nada de malo, siempre y cuando el aprendiz no se olvide que toda la información que recoge estará necesariamente sujeta a su propia visión del mundo.

Buscar el significado de nuestras experiencias resulta bueno y provechoso, porque sólo así podremos llegar al conocimiento; pero, cometer el error de asumir que esos significados constituyen la única realidad posible, es promover desastre. Es de suma importancia recordar que cuando el punto de ensambladura se mueve o se corre, todos los significados cambian a la par. Por lo tanto, cualquier significado adherido a una experiencia es sólo una fracción de la verdad, entonces debemos admitir que, una verdad fraccionada no es toda la verdad. Si fuéramos a cazar un león y apenas lográramos obtener un trozo de su melena, entonces debemos aceptar el hecho que el león mismo se nos ha escapado.

UN GUERRERO NO PONE NINGUNA IMPORTANCIA EN LOS SIGNIFICADOS. AL TRATAR CON UN OPONENTE QUE ES INTANGIBLE E IMPREVISIBLE, EL SIGNIFICADO PIERDE SENTIDO. COMO CONSECUENCIA, LAS RACIONALIZACIONES SON UN DESPERDICIO PELIGROSO DE TIEMPO Y ENERGÍA.

Excitarse por haber llegado a entender el significado de una experiencia es equivalente a excitarse por haber atrapado un trozo de la melena del león. La verdad es que el león nos ha eludido, es decir, sólo hemos adquirido una fracción del conocimiento. El fragmento de conocimiento adquirido es bueno, pero sólo en tanto nos ayude a fortalecernos en la continua búsqueda del *poder*.

Frecuentemente, es aquí donde un aprendiz cae inadvertidamente en la trampa de la racionalización. Olvidándose que sólo posee una fracción del conocimiento obtenido por su experiencia, éste despreocupadamente comenzará a promulgar teorías basadas en el conocimiento recién adquirido e inadvertidamente se lanzará a un intelectualismo innecesario.

Esto no significa que el guerrero no se detenga a pensar y a sopesar sus opciones. Todo lo contrario, el guerrero pone gran cuidado en observar hasta el detalle más mínimo de su vida cotidiana, considerando meticulosamente cada situación. Procede así, no porque se sienta necesitado de encontrar significado de cada situación, sino porque necesita claridad para actuar eficientemente

EXISTE UNA LÍNEA MUY FINA ENTRE EL SIGNIFICADO Y LA CLARIDAD. EL GUERRERO BUSCA LA CLARIDAD EN CUALQUIER SITUACIÓN, NO SU SIGNIFICADO.

Cualquier situación que surja en nuestras vidas es un desafío, ya que nos da la oportunidad de aprender. Al aceptar este desafío automáticamente asignamos a la situación alguna clase de significado. Pero, dado a que ese significado estará basado en nuestro sistema de referencias actual, es vital recordar que éste se verá limitado. El guerrero, estando consciente de esto, no perderá tiempo, ni energía racionalizando innecesariamente acerca de tales significados. En vez, usará el significado para lograr esa claridad de visión que le revelará como proseguir en la situación que tiene entre manos.

No siempre es fácil de observar la diferencia entre significado y claridad, pero el siguiente ejemplo nos lo hará ver con más exactitud. Consideremos la situación de un hombre que acusa a su esposa de gastar más de la cuenta.

Si la mujer se deja obsesionar tratando de comprender porqué su esposo la acusa de desperdiciar dinero, estará gastando una gran cantidad de tiempo y energía en un intento de justificar sus gastos. Tales justificaciones llevarán a argumentos interminables acerca de quién tiene razón y cuál sería la mejor forma de utilizar el dinero. Peor aun, existe la posibilidad de que a raíz de estas discusiones, ambos se vean envueltos en ataques personales inútiles acerca del carácter del otro. En el calor de la discusión, tratarán de defenderse a sí mismos, y a sus puntos de vista con desesperada convicción. Al final, cada uno sintiéndose igualmente atacado, empezará a hacer comentarios carentes de todo sentido común.

El guerrero es extremadamente cauteloso de este tipo de trampa. Si la mujer hubiese sido una guerrera, no hubiera permitido ser atrapada en los significados, sino que se hubiera concentrado en ver la situación como una oportunidad para adquirir conocimiento. Como guerrera, ella hubiera seguido estos pasos: primero, aceptando el desafío de la acusación, y segundo, tratando de lograr la claridad necesaria para manejar la situación.

La esposa, una vez de haber analizado el valor nominal de las palabras de su marido, reflexionará tratando de determinar si efectivamente carece de la experiencia en el manejo del dinero. Para ser honesta consigo misma, al intentar justificar sus gastos, la mujer no puede darse el lujo de verse atrapada. Entonces se verá en la necesidad de examinar la razón de las quejas de su marido para después verificar muy cuidadosamente como ha gastado el dinero. Sólo de esta manera puede adquirir la claridad mental necesaria que le permitirá adquirir conocimiento.

Si después de analizar la situación, llega a la conclusión de que puede aprender algo útil de su esposo acerca del correcto manejo del dinero, sería una necia si se negara a su ayuda y consejo. Si por otra parte, considera que su actitud en este caso fue intachable, entonces la mujer tendrá que revisar la situación por entero. Si ahora considera que las acusaciones de su esposo son falsas, entonces tendrá todo el derecho a ignorar sus quejas. Sin embargo, ésta no es la solución correcta, porque no podemos evitar nuestros problemas simplemente ignorándolos.

LOS GUERREROS GANAN LAS BATALLAS, NO IGNORÁNDOLAS, SINO UTILIZANDO CLARIDAD.

La mujer como guerrera, ahora se da cuenta que sus gastos no es lo que constituye el verdadero problema y que la acusación está obviamente dirigida a otro motivo. En otras palabras, el verdadero desafío yace en otro lugar.

En este ejemplo vemos con claridad que al guerrero se le requiere poseer una gran honestidad y sobriedad. Nunca es fácil aceptar una situación objetivamente cuando nuestra integridad está siendo puesta a reto. Es una reacción muy humana tratar de defendernos para justificar nuestras acciones. Sin embargo, tal reacción siempre nos lleva a la trampa que refuerza nuestra visión del mundo, y por lo tanto, nos mantiene firmemente atrincherados en las mismas condiciones de las cuales tratamos de huir.

SÓLO UN GUERRERO PUEDE SOBREVIVIR UNA BATALLA POR PODER.

La única forma de evitar las trampas de nuestra condición humana es vivir como un guerrero, y al hacerlo vemos cada situación como un desafío en la búsqueda del poder.

HABIÉNDOSE ENTRENADO COMO CAZADOR, EL GUERRERO MANEJA CADA UNO DE SUS DESAFÍOS CON MÁXIMO RESPETO.

El guerrero, cultivando esta actitud hacia las situaciones que surgen en su vida, adquiere un gran respeto por todo lo que enfrenta. Por lo tanto, hasta cuando alguien lo insulta, el guerrero no pierde su control, porque ve el insulto como el desafío que es. No es que el guerrero tenga respeto por el insulto en sí, sino que respeta la *oportunidad* que el desafío le ofrece. De esta manera el guerrero no sólo logra claridad, sino aquel control que es tan vital al tratar con un oponente que es intangible e imprevisible. Al actuar así, el guerrero nunca caerá en la trampa de tomar algo por su mero valor nominal.

La importancia de todo lo dicho es darse cuenta que el hombre se siente constantemente obligado a buscar explicaciones que lo tranquilicen, porque lo desconocido no sólo es aterrador, sino que produce un sentido de inseguridad e inquietud. El error del hombre es buscar explicaciones que sustancien su visión del mundo. Lo desconocido no puede ser explicado de esta manera. Como resultado, todas las explicaciones se convierten en una temática de fe ciega o de superstición.

No hay nada de malo en buscar explicaciones adecuadas, excepto que nunca se le ocurre al hombre que al hacerlo simplemente le está dándole al mundo a su alrededor la forma que a él se le antoja. El hombre no cesa nunca de intentar explicar todo lo referente al mundo con *explicaciones convenientes*, que puedan apaciguar su mente racional, pero que a menudo, tienen muy poco que ver con la verdad. De esta manera, el hombre asegura constantemente su visión del mundo, manteniendo su punto de ensambladura firmemente fijado.

Siempre y cuando las explicaciones, calcen con su visión del mundo, el hombre se siente feliz y seguro. Sin embargo, cree tan enfáticamente en sus propias explicaciones que cuando surge algo que las confronte, entonces, se siente confundido e inseguro. De pronto, encuentra su visión del mundo sacudida, y se ve forzado a reevaluar sus explicaciones o, desafortunadamente y muy frecuentemente, a empezar a defender aquellas explicaciones en un intento de justificación y de afiance.

LAS EXPLICACIONES NO TRANSMITEN LA REALIDAD – SON MERAMENTE UN ARREGLO PROVISIONAL DEL MUNDO.

Un hombre, si toma en cuenta que todas las explicaciones son meramente producto de una visión temporal del mundo, no tiene necesidad de sentirse confundido en absoluto. Una analogía ayudará a aclarar este hecho. Consideremos que durante una caminata en las montañas te encuentras una planta que nunca has visto antes, que la estudias cuidadosamente y llegas a algunas conclusiones acerca de ella. Quizá pienses que la planta pertenece a la familia de las rosas silvestres. Entonces, contento continuas felizmente con tu caminata porque de alguna forma, sientes que has sido capaz de identificar a esta planta.

Más adelante, sucede que entras en una exhibición de plantas silvestres. Ahí descubres que lo que pensaste que era una rosa silvestre, era de hecho un arbusto que ni siquiera pertenecía a la familia de las rosas. Si en ese momento reconoces que tu suposición era sólo una conjetura calculada, no sentirás confusión. Si, por otro lado, te sientes convencido de que la planta que viste en las montañas era una rosa silvestre, te sentirás totalmente confundido por la información que ahora te confronta.

Similarmente, si escogemos recordar que nuestra visión del mundo es sólo una interpretación provisional de lo desconocido, nunca nos podremos confundir o sorprender cuando esa visión sea puesta en duda. Sin embargo, si creemos que nuestra visión es indisputable, entonces no dejaremos espacio para otras posibilidades, y tarde o temprano nos abrumará una tremenda confusión.

LA CONFUSIÓN ES UN ESTADO MENTAL VOLUNTARIAMENTE INDUCIDO. PODEMOS ENTRAR O SALIR DE ÉL A VOLUNTAD.

EL HOMBRE SE CONFUNDE DELIBERADAMENTE PARA ALEGAR IGNORANCIA.

La confusión es realmente un escapismo de lo más conveniente usado por el hombre cuando tiene que enfrentarse a algo que lo asusta o que le disgusta. No obstante, no dejamos de estar totalmente conscientes de lo que estamos haciendo, aun cuando escogemos no reconocer nuestros verdaderos motivos.

LA RAZÓN DEL HOMBRE SE PASEA DELIBERADAMENTE COMO EL JUEZ INFALIBLE QUE SE FIGURA SER. LAMENTABLEMENTE, LA VIDA ACARREA MUCHO MÁS PESO QUE LA RAZÓN DEL HOMBRE.

Nuestra razón es "demasiado grande para sus zapatos" e imagina ser capaz de hacer una tarea para la cual no fue creada. El único propósito de la razón es hacer computaciones y discriminar sabiamente. En vez de eso, la razón intenta asumir el papel del entendimiento, pero nunca se le ocurre a nuestra razón que en un universo fluido hay muy poco que se presta para ser entendido.

EN UN UNIVERSO DESCONOCIDO SATURADO DE LOS IMPREVISIBLES CAPRICHOS DEL PODER, EL ENTENDIMIENTO ES CONSIDERADO DE POCA IMPORTANCIA.

El entendimiento es meramente una justificación para la racionalización innecesaria. Toma por ejemplo un patito que tiene que nadar por primera vez. El patito no tiene que entender primero las leyes de la flotación antes de poder nadar – simplemente se mete en el agua e instintivamente nada.

Asimismo, cuando un niño está aprendiendo a caminar, no tenemos que instruirlo en las leyes de la gravedad y de la coordinación muscular. En vez, hacemos algo bastante irracional; simplemente lo alentamos a llevar a cabo lo que es de hecho un milagro. El niño caminará mucho tiempo antes de entender el porqué de las complejas leyes que rigen la gravedad y la anatomía. Sin embargo, la razón del hombre escoge ignorar hechos como éste.

La razón siempre persistirá en encontrar una explicación lógica para todo lo que se enfrenta, hasta cuando implique literalmente tener que colocar "un cubo en un hoyo redondo." Sin embargo, si la razón es incapaz de llegar a un entendimiento satisfactorio de un hecho, a menudo recurrirá al acto irracional de negar totalmente lo que ha sucedido.

> *EL GUERRERO, SABIENDO QUE NO HAY NADA QUE ENTENDER, RECONOCE UNA BARRERA CUANDO LA CONFRONTA Y ENTONCES LA SALTA.*

Cuando un guerrero se encuentra con un problema en su vida, lo confronta con suma tranquilidad, reconociéndolo como el obstáculo que es, pero en vez de atraparse en razonamientos para tratar de entender el problema, simplemente lo aborda inmediatamente. Los problemas en sí no tienen otro valor más que hacernos emocionalmente más fuertes, mentalmente más ágiles y espiritualmente más sabios.

Los soldados, a la par de los atletas, a menudo son llamados a atravesar obstáculos como parte de su entrenamiento. Saben que el propósito de cada obstáculo es forzarlos a sacar de ellos mismos potenciales que de otra manera nunca hubieran emergido a luz. Los problemas que un guerrero debe enfrentar en la vida sirven el mismo propósito. El único entendimiento que tiene importancia para él, es el entendimiento de sí mismo y de su potencial, y es aquí donde se encuentra la clave para solucionar la mayoría de sus problemas.

Las situaciones que surgen en nuestras vidas no son las únicas que nos proveen con obstáculos, sino también nuestro llamado *lado oscuro*, o *vicios*. Aquí, es importante notar una vez más, las paralizantes restricciones impuestas por el condicionamiento social. Desde temprana edad, tanto los hombres como las mujeres son enseñados a ocultar aquellos aspectos de sí mismos que puedan ser vistos como indignos. No obstante, se debe recordar que ninguna persona puede sentirse completa, sí si niega a misma algún aspecto de su personalidad.

LA NEGACIÓN ES LA PEOR FORMA DE AUTO-INDULGENCIA.

UN GUERRERO VE EN SUS FALTAS UN INCENTIVO PARA ACECHAR EL PODER.

Por lo general, el hombre se siente atrapado tratando de justificar su comportamiento, buscando explicaciones racionales para cada una de sus acciones. Es desconcertante cuán a menudo oímos exclamaciones como: "Si sólo hubiera sabido lo que hoy sé, hubiera escogido una carrera diferente. Si hubiese adquirido un grado académico, no estaría ahora luchando para sobrevivir. Si no tuviera tantos problemas en mi vida, tendría más tiempo para intentar vivir como un guerrero." Tal razonamiento es absurdo, y aun así, la gente parece no entenderlo, olvidándose que todo en nuestra vida funciona como debería funcionar, y cada obstáculo puesto en nuestro camino cumple con el propósito de ayudarnos a comprender mejor el manejo del *poder*.

NINGÚN HOMBRE PUEDE RECLAMAR QUE TENDRÍA PODER SI LAS CIRCUNSTANCIAS DE SU VIDA HUBIESEN SIDO DIFERENTES.

El gran error de nuestra condición humana es creer que nuestros problemas nos impiden utilizar todo nuestro potencial. En realidad, todos nuestros problemas son desafíos, regalos de *poder*, que nos presentan con la increíble oportunidad de luchar para abrir nuestro propio camino hacia la libertad. Esto ya lo vimos en el capítulo anterior.

Es especialmente importante reconocer nuestros lados oscuros, así como nuestros llamados fracasos o faltas. Ciertamente, esto no es una tarea fácil. Cuando tenemos que enfrentar nuestras fallas, como resultado de nuestro condicionamiento social, normalmente caemos víctimas de profundos sentimientos de culpa y de fracaso. No obstante, deberíamos recordar que nuestras fallas son simplemente potenciales sin realizar – potenciales que no han sido aun puestos bajo control.

Lo que excluye a la mayoría de las personas de lograr su libertad es el hecho de sentirse culpables de ponerse en pie y de reclamar lo que justificadamente les pertenece. Un guerrero no hace hincapié en reclamar lo que le pertenece, sin diferenciar si es dinero, respeto, amor, conocimiento, o su lado oscuro.

Si observamos nuestras faltas cuidadosamente llegamos a la conclusión de que cada de éstas tiene una virtud escondida dentro. Por lo tanto, nuestras faltas deben ser estudiadas meticulosamente y luego transmutadas a los potenciales que representan. Sólo así podremos sentirnos libres y realizados El lado oscuro del hombre es verdaderamente oscuro, y esto no lo niega ningún guerrero; es una verdadera estupidez tratar de ocultar esta oscuridad, actuando como si no existiera.

La gente generalmente se niega a admitir la existencia de su lado oscuro, porque teme enfrentarse a sus propios defectos. Tal miedo está basado en que el hombre se preocupa continuamente de mantener su propia imagen frente a su prójimo. Es irónico, sin embargo, que en situaciones cuando el hombre tiene que enfrentase con la muerte, actuará de repente como influenciado exclusivamente por un sentimiento de sobrevivencia. En tales momentos, el hombre ni siquiera pausará para considerar su imagen; la falta de egoísmo puede repentinamente convertirse en gran egoísmo, y la valentía en pura cobardía.

EL GUERRERO ENCARA EL CONOCIMIENTO TOTALMENTE PREPARADO PARA MORIR, Y POR LO TANTO SORTEARÁ TODOS LOS ESCOLLOS QUE ENCUENTRE EN SU CAMINO.

AL ESTAR PREPARADO PARA LO PEOR, EL GUERRERO NO PUEDE SER SORPRENDIDO, PORQUE NO ESPERA VIVIR.

ENFRENTADO A LA MUERTE, EL GUERRERO CORTA TODOS

LOS ACTOS INNECESARIOS; Y POR LO TANTO SU DESTINO SE DESPLIEGA CON SUMA SUTILEZA.

Si decidimos llegar a reconocer que la muerte nos acecha constantemente, muchos de los efectos debilitantes del condicionamiento social podrían ser extirpados. De alguna forma, el hombre ha logrado convencerse que tiene de por medio garantizada una larga vida. Con esta firme creencia, naturalmente tiene todo el tiempo en el mundo para entregarse a todo tipo de miedos, dudas e insignificancias. Sin embargo, de cara a la muerte, casi todos esos miedos e insignificancias quedan reducidos a meras cenizas. El guerrero así lo entiende, como reconoce también, que el concepto de inmortalidad es una idea necia, y nada más. Nadie puede justificar la creencia que va a vivir más allá de la hora presente.

Comprendiendo este concepto, el guerrero abraza el concepto de la muerte. Manteniendo en mente que podría morir en cualquier momento, el guerrero corta con todo lo que le dificulta la búsqueda de su libertad. Sin esperar vivir, el guerrero elude diestramente las trampas del condicionamiento social, porque no se ve en la necesidad de tener que preocuparse por su propia imagen.

Es más, al adoptar esta postura, el guerrero no tiene que preocuparse por el resultado de sus acciones. Esto no significa que el guerrero actúe imprudentemente. Al contrario, debido a que se encuentra en busca del *poder*, se maneja con infinito cuidado, pero a diferencia del hombre común, no se preocupa con el tener que ganar. La victoria solamente tiene sentido si uno va a sobrevivir la batalla.

El interminable rosario de expectativas, es uno de los peores escollos es creer en la longevidad del hombre. Cuando esperamos algo, nos exponemos abiertamente a la sorpresa, a la desilusión, y generalmente hablando, al desastre. Para entender mejor este punto, considera un soldado que tiene que huir para salvar su vida.

El único camino abierto disponible para huir que tiene el soldado es a través de un terreno que sabe que está sembrado de minas. Los minutos con que cuenta son muy escasos, y por lo tanto el soldado no tiene tiempo para entregarse a dudas o miedos fútiles. Si se queda donde está, el enemigo lo hará pedazos, pero si huye hacia el peligroso terreno, tal vez corra el albur de sobrevivir.

Tal soldado está completamente despierto y alerta. Dicho desafío no lo desanima. Rápidamente se da cuenta que sus enemigos, habiendo plantado las minas ellos mismos, no se atreverán a seguirlo. Sin esperar vivir, el soldado ve su ruta, mortal como es, como su única esperanza para sobrevivir.

Sería letal ser sorprendido ahora en tal terreno. Por lo tanto, el soldado se desliza con máxima precaución. Lo único que se requiere en tal situación es conciencia clara y juicio preciso. Sabe que un pie puesto con apresuramiento o, sin cuidado significaría aniquilación inmediata. La vida, para este soldado, ahora se mide paso a paso, segundo a segundo.

El soldado envuelto en las redes de esta tensión, se siente con potenciales dentro de sí que nunca supo que poseía. Sus sentidos se han vuelto más agudos que nunca, experimenta ahora un silencio interior que le asiste en enfocar su atención exclusivamente en donde dará su próximo paso. El tiempo parece haberse detenido, la concentración es tan intensa que no se atreve a pensar qué lejos ha caminado, o cuánto le falta por recorrer. Permitir que su mente se desvíe, hasta por un segundo, significaría la muerte. Toda su atención, todo su *poder personal*, debe ser totalmente enfocado en el acto de sobrevivir.

> *TODO EN LA VIDA ES SÓLO UN DESAFÍO. LOS DESAFÍOS NUNCA PUEDEN SER BUENOS O MALOS; HACEMOS LO QUE QUEREMOS DE NUESTROS DESAFÍOS.*

El soldado reconoce que las posibilidades de sobrevivir son prácticamente nulas, sin embargo, sabe que si no hubiera entrado en este terreno, ciertamente hubiera encontrado la muerte en las manos de su enemigo. Ahora, habiendo escogido esta ruta, la desesperanza a dado paso al desafío. Sólo se necesita un pequeño error para que el soldado pierda su vida. Enfrentado a probabilidades tan imposibles de éxito, sería un tonto, si no se considerara casi ya muerto. Sin embargo, para el guerrero entregarse al lujo de quejarse de su destino, sería malgastar el precioso *poder personal* y, por lo tanto, desperdiciar su desafío. El verdadero desafío que enfrenta no es cómo sobrevivir, sino cuánto tiempo puede ganar, hasta dónde podrá llegar antes de sucumbir.

UN GUERRERO VIVE BASÁNDOSE EN DESAFÍOS.

EL HOMBRE COMÚN VE TODO EN SU VIDA COMO UNA BENDICIÓN, O UNA MALDICIÓN; EL GUERRERO VE TODO COMO UN DESAFÍO.

Analizando la situación, uno podría argumentar que el terreno minado resultó ser una bendición, ya que por esa razón el soldado no fue seguido hasta esta área tan escabrosa. Alternativamente, uno podría decir que ha padecido una maldición al tener que escapar de sus enemigos atravesando tan peligroso lugar. Esto es típico de todos los episodios que acontecen en nuestras vidas. Sin embargo, situaciones como ésta no se prestan ha ser racionalizadas. Cualquier situación es lo que quieras hacer de ella, y es tan importante como el significado que le quieras adherir.

CUALQUIER SITUACIÓN EN LA VIDA ES NEUTRAL. LA HAREMOS POSITIVA O NEGATIVA DEPENDIENDO DEL SIGNIFICADO CON QUE LE ASOCIAMOS. EL SIGNIFICADO, SIN EMBARGO, NO ALTERA EL CONTENIDO DE LA SITUACIÓN; POR LO TANTO LOS SIGNIFICADOS SÓLO SIRVEN PARA APACIGUAR A LA RAZÓN.

Este ejemplo claramente nos muestra que el soldado no está en posición de racionalizar su situación, y por lo tanto los significados ya no tienen sentido para él.

ES UNA LOCURA PARA CUALQUIER HOMBRE AÑORAR UNA VIDA DIFERENTE A LA QUE TIENE. TALES DESEOS ESTÁN BASADOS EN LA LOCA IDEA DE QUE LA COBARDÍA O LA HOLGAZANERÍA, O AMBOS, SON BÚSQUEDAS HONORABLES.

Si el soldado fuera a soñar con estar en otro lugar, o deseara una situación mejor, estaría permitiendo que su mente se desviase de su desafío actual. Claramente éste sería un acto muy necio, llamado al desastre. En este desafío, la vida del soldado se ha tornado más importante que un mero deseo imaginario. Manteniendo su cordura, cada paso dado con seguridad contribuirá a prolongar un momento más la sutil existencia del soldado.

Sería demostrar una gran ignorancia pensar que contamos con un tiempo ilimitado a nuestra disposición. Más aun, contribuiría con quitarnos nuestro aprecio por la vida, porque donde no hay conciencia de la muerte, el aburrimiento y el descontento se establecen rápidamente. El guerrero sabe que la muerte lo está acechando constantemente; por lo tanto, cualquier lapso de vida que tenga lo toma como un valioso regalo. Sabiendo que su vida es corta, el guerrero saborea su regalo al máximo, y goza de cada momento de su precioso tiempo. Esto es conocido como *vivir desafiando*.

> *UN HOMBRE SÓLO PUEDE SER SORPRENDIDO SI NO HA TOMADO EN CUENTA LO INESPERADO. UN GUERRERO DEBE INCLUIR LO INESPERADO EN SUS DECISIONES PORQUE LA SORPRESA DRENA EL PODER PERSONAL. ESTO SIGNIFICA QUE EL GUERRERO VIVE BASÁNDOSE EN DESAFIOS. UN GUERRERO PUEDE VIVIR DESAFIANDO PORQUE ES HUMILDE Y COMPLETAMENTE CONSCIENTE.*

En general, el hombre raras veces está totalmente consciente de sí, pasa casi toda su vida, ya sea soñando con el pasado, o con el futuro, bastante ignorante de su presente. No sería extraño que fuese atrapado desprevenido, y que frecuentemente se encuentre con problemas. Más aun, permanecer inconsciente del presente y de los desafíos que éste trae, es en sí, esgrimir una enorme arrogancia y engreimiento. Si ignoramos el presente, estaremos dando a entender que no nos importa el precioso don de la vida, prefiriendo en vez, vivir nuestro ensueño.

Tal actitud es contraria al estado de ánimo del guerrero, porque el guerrero es un ser que ha aprendido el verdadero valor de la vida. Reconociendo este valor, el guerrero puede ver qué maravilloso privilegio es el estar vivo.

Dándose cuenta que no tiene nada que ofrecer como retribución por este increíble regalo, el soldado ofrece lo único que tiene, es decir, su completo sentido del aprecio. Humillado por la pobreza de sus recursos humanos, la única forma en que un guerrero puede justificar este magnífico regalo de vida, es atesorando con completo conocimiento, cada uno de sus aspectos de ésta.

Conciencia total significa entre otras cosas, anticipar lo inesperado, porque el guerrero sabe que vive en un universo fluido penetrado por los imprevisibles caprichos del *poder*. Así, cuando un guerrero tiene que tomar una decisión, siempre lo hace tomando en cuenta que no presumirá saber de antemano cual será el resultado de ésta. Al aceptar lo desconocido el guerrero no cae en la trampa de asumir que no necesita estar totalmente consciente.

La vida del guerrero nunca se encuentra vacía o aburrida cuando se encuentra con la conciencia alerta; por lo contrario, su vida se verá iluminada con una interminable secuencia de eventos maravillosos, cada uno guiándolo hacia una nueva aventura, un nuevo desafío. Cada nuevo desafío es para él una experiencia extraordinaria, porque al vivir en el límite mismo de la vida, el guerrero reconoce la fina línea divisoria entre la aniquilación y la sobrevivencia. Para el hombre común vivir desafiando es equivalente a tener que vivir una pesadilla devastadora; para un guerrero es una oportunidad que abraza con felicidad, porque vivir desafiando es para él una expresión de su profundo aprecio y respeto por la vida.

UN GUERRERO ACEPTA LOS DESAFÍOS DE LA VIDA CON VERDADERA HUMILDAD. NO IMPORTA CUAL PUEDA SER SU DESTINO, NO SERÁ CAUSA DE DESCONTENTO, SINO UN DESAFÍO VIVIENTE QUE ES SU PRIVILEGIO VENCER.

El único motivo por el cual el hombre detesta vivir desafiando es porque insiste en mantener la idea de que su vida no es lo que supone que debería ser. Frecuentemente, el hombre plagado de sentimientos de descontento y amargura espera cambiar su vida por algo mejor. Para mantener estas expectativas el hombre debe creer en algún futuro en el cuál pueda materializar sus deseos. Pensando de esta manera, no es sorprendente que el hombre aborrezca la idea de vivir desafiando, puesto que el concepto, y todo lo que implica, amenaza de sobremanera su visión del mundo, acarreándole un poderoso sentimiento de inseguridad y un llamado al fracaso.

En el fondo de la inhabilidad del hombre de aceptar su vida por lo que es, yace la suposición que él sabe más que las fuerzas que lo guían por su vida. Nunca se le ocurrá que tal creencia no se justifica, por la simple razón que ninguno de nosotros tiene la suficiente perspicacia para juzgar nuestro propio destino. Sin esta perspicacia, las suposiciones de esta naturaleza deben estar inevitablemente basadas en la arrogancia y en la *razón*.

> *EL HOMBRE COMÚN ES ARROGANTE, PORQUE SE DEJA IMPRESIONAR POR LA RAZÓN Y SIEMPRE AGACHA SU CABEZA ANTE ELLA.*
>
> *LA RAZÓN NOS HACE CREER QUE NUESTROS DESAFÍOS EN LA VIDA DEBEN SER EVITADOS A TODO COSTO. ESTO SIGNIFICA SER UN COBARDE QUE NO TIENE EL RESPETO NECESARIO PARA HONRAR EL MARAVILLOSO DON DE VIVIR.*

La arrogancia que el hombre común asume como derecho, el guerrero evita en su humildad. Este tampoco otorga a la razón la misma importancia que le da el hombre común. En este aspecto, el guerrero es mucho más *razonable* que el hombre común, porque considerar que la razón pueda dar "carta blanca" para evitar los desafíos de la vida, es un pensamiento de lo más *irrazonable*. El guerrero usa de su razón únicamente para ser guiado en su experiencia total de la vida, y no como una excusa para huir de sus desafíos.

EXISTE UNA VASTA DIFERENCIA ENTRE ARROGANCIA Y HUMILDAD. LA ARROGANCIA SE BASA EN QUE UNO ES SUPERIOR A ALGUIEN O A ALGO. LA HUMILDAD SE BASA EN EL CONOCIMIENTO QUE NADIE ESTÁ EN MEJOR POSICIÓN QUE SU SEMEJANTE. PERO EL HOMBRE SE VE A SÍ MISMO COMO UN SER HUMILDE CUANDO SOSTIENE LO QUE ÉL LLAMA "RESPETO POR UN SUPERIOR"; POR LO TANTO, EN SU ENGREIMIENTO ADORA LA ARROGANCIA.

El único momento en que un hombre se enfrentará a un desafío es cuando la razón le asegura que va a vencer. No es común ver a un hombre que voluntariamente acepte una tarea que considere ser en su perjuicio. Tal razonamiento se funda en la creencia de que el no triunfar es vergonzoso, y es disminuirse ante los ojos del prójimo. Esto, a su vez, presupone en primer lugar, que uno está exaltado, porque sólo teniendo una posición de importancia es que se la puede perder.

A diferencia del hombre común, el guerrero sabe que no es más ni menos importante que todo lo demás. Lo sabe por el simple hecho de estar vivo. Este valioso don de vida con que ha sido dotado, es la misma fuerza vital que se le ha dado a un rey, a un mendigo, y a un insecto. Tal conocimiento denota sensatez, porque sólo un tonto engreído no sentiría humildad ante este hecho. El guerrero no toma parte en ningún tipo de arrogancia, por medio de su humildad denota un profundo respeto por la vida en todas sus formas, bien sea; con él mismo, con un rey, un mendigo, un animal, una planta, un insecto o un simple átomo.

El hombre confunde la humildad con la arrogancia y, por lo tanto, no tiene verdadero respeto por la vida. Piensa en el soldado huyendo para salvar su vida. ¿Hubieras actuado diferentemente del soldado estando en su posición? ¿Hubieras tomado tú el mismo riesgo que él tomó, enfrentado a la muerte acechadora? Sin embargo, en su vida cotidiana el hombre no hace más que quejarse, para luego sentirse desamparado. Esencialmente no hay nada de malo en sentirse desamparado, pero entregarse a este sentimiento es un acto totalmente diferente. Si el soldado se hubiera entregado a su sentimiento de desamparo sería un soldado muerto.

Es habitual para la humanidad entregarse a un sentimiento de desamparo, y es generalmente visto como el signo de un hombre humilde. Al declarar que está desamparado en una situación dada, un hombre siempre se las arregla para manipular a otros a compartir su responsabilidad. Considerando que siempre existen aquéllos que buscan una oportunidad de probarse, un hombre desamparado no quiere que nadie acuda a su ayuda. El desamparo es obviamente una herramienta de lo más conveniente para uno usarla cuando se enfrenta con un desafío que es temido u odiado. El hecho de que las personas normalmente estén deseosas de asistir al hombre desamparado no cambia el hecho de que tal hombre esté manipulando a otros para su propio beneficio. No hay nada humilde acerca de la manipulación. Al contrario, ésta es arrogante.

Las situaciones donde se requiere genuinamente ayuda son pocas y bien espaciadas, y nunca ocasionan que otra persona tenga "que poner su hombro" para enfrentar las responsabilidades de otro. Este traspaso de responsabilidades es siempre manipulación, y es la forma más poderosa con la que el hombre mantiene el tal llamado orden del condicionamiento social.

LOS VIEJOS HÁBITOS, AUN EN UNA EMERGENCIA, SON SIEMPRE EL REFUGIO MÁS BIENVENIDO, HASTA CUANDO NORMALMENTE LOS ODIEMOS.

En situaciones de esta índole, el guerrero adopta la posición, ya brevemente explicada en el capítulo dos; para así evitar caer en la trampa de sus viejos hábitos, y especialmente para evitar entregarse al sentimiento de desamparo.

CUANDO SE ENFRENTA A LO DESCONOCIDO, EL GUERRERO SE COMPORTA COMO SI NADA FUERA DE LO USUAL HUBIESE SUCEDIDO. SABIENDO QUE EL MUNDO NO ES LO QUE PARECE SER, EL GUERRERO NO CREE POR EL HECHO DE CREER, Y, SIN EMBARGO, ACEPTA TODO POR SU VALOR NOMINAL. POR LO TANTO, EL GUERRERO ACEPTA SIN ACEPTAR, E IGNORA SIN IGNORAR. EL GUERRERO NUNCA ASUME ENTENDIMIENTO, NI ASUME IGNORANCIA. EN SU

LUGAR, SE COMPORTA COMO SI ESTUVIERA EN CONTROL, HASTA CUANDO PARECIESE ESTAR COMPLETAMENTE DESCONCERTADO Y ASUSTADO. AL ADOPTAR ESTA POSTURA EL GUERRERO EVITA LA OBSESIÓN.

Para poder entender mejor este concepto, regresemos a nuestro ejemplo del soldado. Si no supiésemos las circunstancias en que el soldado se encontraba, observaríamos un escenario completamente diferente.

Lo que veríamos sería un soldado que aparentemente toma una caminata lenta por un terreno difícil. Por sus acciones podemos deducir que busca algo en la tierra o en el césped. De hecho, absorto en su búsqueda éste es la imagen misma de la concentración silenciosa. Viéndolo, uno tiene la impresión que dispone de todo el tiempo del mundo, y juzgando por lo lento y cuidadoso de sus movimientos, nunca se podría sospechar que es un hombre desesperado huyendo para salvar su pellejo. Eso es lo que significa que *el guerrero se comporte como si nada inusual hubiese sucedido* – éste es su control.

Para empezar, si el soldado hubiera creído que no tenía oportunidad de escapar, no hubiera tomado el albur. Era imperativo que *aceptara el valor nominal* de su situación, porque si no hubiera huido a ese terreno, sus enemigos lo hubieran alcanzado. Aunque al entrar a esta peligrosa área, hubiera también sido posible que muriera de todas formas. En otras palabras, el soldado tuvo que aceptar que el no actuar significaría su muerte, y el actuar posiblemente significaría lo mismo.

Al tomar esta alternativa, el soldado tenía que creer que moriría en manos de sus enemigos. Asimismo, al abriese camino entre las minas salteando todo peligro, también tenía que creer en la posibilidad de poner el pie en falso, y ser volado en pedazos por una mina. Sin embargo, aunque se vio enfrentado con la muerte, no se entregó a la desesperación. Haberse rendido hubiera sido sucumbir sumisamente a la muerte, algo que ningún verdadero guerrero se sometería.

UN GUERRERO NUNCA CEDE SU PODER PERSONAL A NADA, NI SIQUIERA A SU MUERTE.

En vez de sentirse desamparado, el guerrero tomó sus oportunidades, escasas como eran, y se lanzó en una serie infernal de peligros. Por medio de sus acciones, el soldado reconoce la muerte, pero no se rinde ante ella. Esto es lo que significa que *un guerrero acepta sin aceptar, e ignora sin ignorar.*

FRENTE A LA MUERTE SEGURA, YA NADA IMPORTA PORQUE NO LE QUEDA NADA PEOR POR AFRONTAR. EL GUERRERO SIEMPRE SE MANTIENE SERENO Y LÚCIDO AL ACEPTAR LA MUERTE COMO UN FACTOR INHERENTE DE LA VIDA.

El soldado no tiene noción del resultado de sus acciones, pero tampoco se preocupa por ello. Asumiendo responsabilidad por su situación, escoge la única opción viable para él. Actuando con integridad, sabe sin ninguna duda, que el resultado de sus acciones está fuera de su alcance. Lo único que puede hacer es poner su entera conciencia en el terreno en que pisa. Esto significa que el guerrero *no asume entender* lo que sucede, pero tampoco ignora la situación que lo rodea. Este actúa intachablemente provisto del conocimiento experimentado en ese momento.

LA INTEGRIDAD DEL GUERRERO NO LE PERMITE OBSESIONARSE CON EL RESULTADO DE SUS ACCIONES. GANAR O PERDER NO ES SU PREOCUPACIÓN DE MANERA ALGUNA – ÉL MERAMENTE PERMANECE ATENTO AL DESAFÍO DEL MOMENTO.

OBSESIONARSE SERÍA PERDER EL CONTROL, ALGO QUE EL GUERRERO NO SE PUEDE DAR EL LUJO DE HACER, PUESTO QUE UN GUERRERO DEBE PERMANECER SERENO, MANTENIENDO SIEMPRE SU BUEN JUICIO.

Al actuar de esta manera, el guerrero se *comporta como si estuviera en control*, y al verlo uno dudaría que pueda *estar completamente confundido y asustado.* Asimismo, por medio del comportamiento intachable, evita caer en la trampa mortal que significa la obsesión. Obsesionarse con algo equivale a ser vencido antes de entrar en la batalla.

Si el soldado hubiera estado obsesionado con mantenerse vivo, hubiera entrado en pánico y posiblemente hubiera muerto de ansiedad. Si hubiera estado obsesionado con escaparse intentando cruzar el terreno demasiado rápido, hubiera hallado su muerte igualmente. No estando obsesionado ni con su miedo a la muerte, ni con su esperanza de escape, el soldado efectivamente reconoce ambas, y ninguna. Este es el correcto estado mental y la esencia misma de la condición del guerrero. Para el hombre común tal condición significaría una pesadilla, pero para un guerrero, que vive basándose en desafíos, hasta una pesadilla es un desafío digno de su mejor comportamiento.

PARA EL GUERRERO ES UN REQUISITO PRIMORDIAL QUE SU CONTROL SEA INTACHABLE; POR LO TANTO EL NUNCA PERMITIRÁ SER AFECTADO POR NADA. AUNQUE ESTÉ MIRANDO DE FRENTE EL ROSTRO DE LA MUERTE, SE SABRÁ MANTENER IMPERTURBABLE.

La única esperanza del soldado de escapar, sería abrazar la presencia de la muerte y permitir que esa presencia lo guíe en el desenvolvimiento de su destino. Si su destino es vivir, la presencia de la muerte lo protegerá entre las minas y lo alejará de sus enemigos. Al mismo tiempo, la amenaza de la muerte evitará que sus enemigos lo persigan en esa área. Si, por otra parte, su destino es morir, entonces al menos morirá una muerte intachable y no la muerte miserable de un quejoso cobarde.

Todos debemos morir algún día. Si vamos a morir mañana, o el año entrante, entonces ¿porqué no ahora mismo? En su temor a la muerte el hombre la evitará a toda costa, hasta renunciando a una vida honorable. Aunque el guerrero la teme, también sabe que es su compañera constante, y su mejor consejera. Por lo tanto el guerrero no intenta eludir a la muerte, sino que sabe que, siempre y cuando, la trate con el suficiente respeto, ésta lo guiará a vivir una vida intachable, llena de riquezas, *poder* y excitabilidad en el desafío.

HABIENDO RECONOCIDO LA ESENCIA MISMA DE LA VIDA Y DE LA MUERTE, NO HAY NADA EN EL MUNDO QUE UN

GUERRERO NO PUEDA CONTROLAR, AUNQUE JUZGANDO POR SU COMPORTAMIENTO, UNO NUNCA LO SOSPECHARÍA.

Los Toltecas afirman que vivir la vida intachable de un guerrero es la única justificación para que el hombre sea honorado con el precioso don de la vida. Esto lo pueden reclamar honestamente y sin arrogancia o engreimiento, porque han llegado a reconocer el verdadero valor de la vida y de la muerte. Sólo aquéllos que son verdaderamente humildes pueden entender que la vida es no es más importante que la muerte. Sin la muerte el valor de la vida se disiparía en una insignificancia total.

EL ELEFANTE

Aquel que es un guerrero – gentil gigante – amigo y pilar de fuerza.

"¡. . . una mujer vieja, símbolo del tonal del hombre, fea y demacrada en años de negligencia, espera dentro de la montaña de cima aplanada sobre el Cabo de las Tormentas, soñando con el día en que el joven elefante la libere, y con su amor y cuidado, vele por ella hasta recobrar su fuerza y belleza anterior – aquella que es la madre de todos!"

Extracto de un antiguo mito africano.

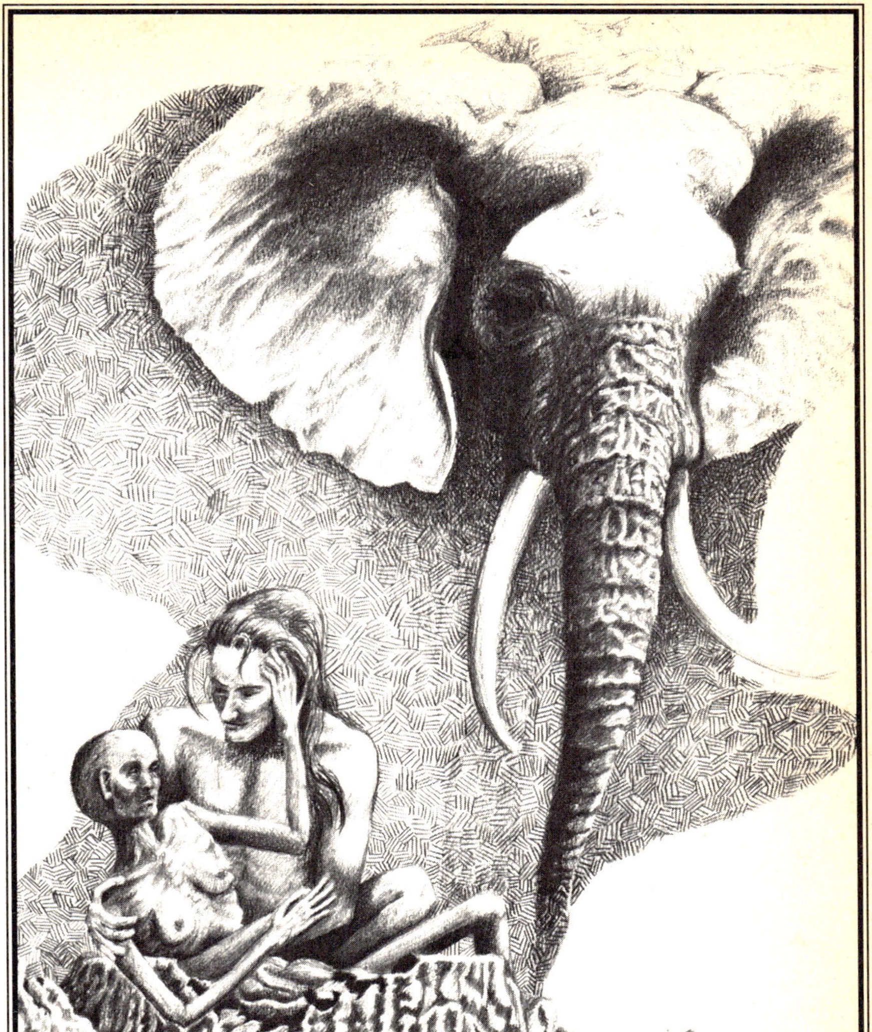
Susan Emily

CAPÍTULO VI

LA PREDILECCIÓN DEL GUERRERO

EL TIEMPO ES LA ESENCIA DE LA INTEGRIDAD. ES SÓLO EL DESEO DE ACTUAR CON INTEGRIDAD LO QUE ENGENDRA EN EL HOMBRE EL SENTIDO DE MORTALIDAD.

Si uno fuese a observar la conducta del guerrero uno fácilmente tendería a creer que es un ser con gran auto-confianza. Sin embargo, debería entenderse que hay una enorme diferencia entre lo que el hombre normalmente denomina *auto-confianza* y lo que el término implica en sí. El término es importante porque aclara la diferencia entre dos conceptos diferentes a saber: la *integridad* y la *perfección*. No es fácil definir lo que es integridad sin verse atrapado en el concepto de perfección, y, sin embargo, hay una fina diferencia entre ambas. Esta distinción yace en la diferencia entre la *arrogancia* y la *humildad*, dos conceptos más que sólo pueden ser entendidos por medio del término auto-confianza. Si deseamos entrar en la Senda del Guerrero estos términos deben ser cuidadosamente definidos. Generalmente, la auto-confianza es entendida como una presunción arrogante; la humildad en cambio, presupone ser irreprochable en las acciones y en los sentimientos de uno.

Para entender esto, debemos reconocer que cuando el hombre común cuenta con la aprobación de su prójimo, actúa con mucha seguridad y llama a este hecho tener auto-confianza. Sin embargo, al preciso momento en que el hombre presiente que sus semejantes no están de acuerdo con él, repentinamente se le acaba su "bravado". Esto sucede primeramente, al hombre persistir en creer, a raíz de su arrogancia, que una persona es más importante que otra; y segundo, porque el hombre depende de la aprobación de sus semejantes para mantener su sentimiento de importancia personal.

Puesto que el guerrero no se considera, ni más ni menos importante que su prójimo, no se resiente si pierde prestigio ante los ojos de sus semejantes. En otras palabras, el guerrero no lucha por ser importante, y por lo tanto, no precisa de la aprobación pública. La verdadera humildad yace en liberarse de tener que buscar esa aprobación. La única consideración que el guerrero debe tener es actuar lo mejor posible sobre la base de su conocimiento, ya que no tiene que temer lo que el impacto de sus acciones puedan acarrear sobre su necesidad de mérito personal. De acuerdo con esto, el guerrero entiende el significado de la auto-confianza como *la confianza en la habilidad de uno mismo para actuar como un guerrero de integridad*.

Es obvio, qué diferentes son estos dos abordajes, y, sin embargo, a menudo, la gente comete el error de confundir el acto de buscar aprobación con auto-confianza. Al buscar la aprobación de sus semejantes, un hombre raras veces actúa libremente usando su propio conocimiento. Evitar de actuar de acuerdo con nuestro propio conocimiento con el único fin de ganar la aprobación o favor de alguien es considerado un acto deshonroso.

SE DENOMINA INTEGRIDAD EL SABER ACTUAR DE LA FORMA MÁS ACERTADA DE ACUERDO A TU HABILIDAD, EN CUALQUIER SITUACIÓN Y EN CUALQUIER MOMENTO DADO.

EL TIEMPO ES LA ESENCIA DE LA INTEGRIDAD, SOLAMENTE EL SENTIDO DE MORTALIDAD ENGENDRA EN EL HOMBRE EL DESEO DE ACTUAR CORRECTAMENTE.

Cuando se le pide a un hombre descifrar el concepto de integridad, muy posiblemente no sabrá distinguir entre perfección e integridad. Sin embargo, el significado de perfección no es el mismo que el de integridad. Luchar por la perfección puede tener el motivo escondido de querer ser el mejor. No hay nada de malo con esto, siempre y cuando, uno no quiera ser el mejor solamente para ganar el reconocimiento o la aprobación de su prójimo. Más aun, la perfección generalmente significa que para lograr una meta hay que invertir una gran cantidad de tiempo y energía. El hombre que lucha por la perfección usualmente comete el error de asumir que dispone de todo el tiempo que quiera. El lema de tal hombre es: "Si al principio no lo logro, intentaré de nuevo."

Aquí tampoco hay nada de malo con intentar la repetición en el caso de querer ser el mejor. Casi todos los actos en la vida sólo pueden ser perfeccionados con la práctica constante a base de mera repetición. Pero el error consiste en la idea de que se tiene tiempo ilimitado para continuar intentando, porque a menos que, se le dé un sentido de urgencia a las acciones, inevitablemente estás perderán su momentum y todo se reducirá a actos invalidados por la timidez. Un hombre tímido raras veces, o nunca, da lo mejor que posee.

EL LOGRO DE LA PERFECCIÓN ABSOLUTA ES POSIBLE SOLAMENTE BAJO CONDICIONES EXTRAORDINARIAS. LA META DEL GUERRERO ES LOGRAR TANTA PERFECCIÓN COMO SEA POSIBLE EN CADA SITUACIÓN DADA.

El guerrero se aproxima al concepto de perfección de una forma muy diferente a que la del hombre común. Sabiendo que la muerte lo está acechando, el guerrero está completamente consciente que si falla inicialmente, no siempre tendrá ni el tiempo, ni la oportunidad para intentar de nuevo. Esto es un hecho que todos los actores conocen muy bien. Una vez que se eleva el telón, el actor sólo cuenta con una sola oportunidad de mostrar su valor teatral. Si arruina su oportunidad, el futuro de su carrera se derrumbará en ese instante. Similarmente, el guerrero reconoce que lo mejor de la vida nunca se repite. Si hay repeticiones, el impacto original se pierde, y lo que queda es una segunda elección Para ver este punto con más claridad tomemos el ejemplo de música grabada en contraposición a una actuación en vivo.

La música grabada es un buen substituto para una presentación en vivo; pero aunque tenga su mérito, no sigue siendo nada más que un substituto que nunca podrá reemplazar a la música en vivo. En una presentación en vivo, hay un intercambio de energía vibrante entre el artista y su audiencia, y se siente una excitación generada por la incertidumbre involucrada. Una presentación en vivo que es presentada con meticulosidad siempre es infinitamente más interesante que una grabación perfecta. La verdadera diferencia se halla en la posibilidad de que pueda ocurrir cualquier incidente durante la presentación y, como resultado, ambos, el artista y la audiencia se mantendrán alertas y en un cierto estado de nerviosismo percibido a cada paso. Al final de una representación en vivo, donde todo ha transcurrido sin tropiezos, se respira una extraña mezcla de gran satisfacción y de profundo alivio. Este sentimiento nunca puede ser atrapado en una grabación, simplemente porque no se experimenta ese nerviosismo peculiar que se denota cuando sólo existe una oportunidad.

En este respecto, el guerrero es un artista en su propio estilo de vida. Éste, no puede darse el lujo de estar confundido o incierto, porque la presencia de la muerte no permite darle el tiempo para que lo malgaste en malas actuaciones. Ve cada uno de sus actos como posiblemente el último ejecutado en este mundo, y, por lo tanto, debe ser el mejor de todas sus presentaciones. Este hecho no implica necesariamente que el guerrero actúe con perfección en todos sus actos, pero la verdad es que él luchará para hacerlos tan perfectos como le fuese posible en cada ocasión. De esta manera sus acciones toman una cualidad vibrante de conciencia total mezclada con una profunda intensidad proveniente del conocimiento de que este momento en particular, nunca más se volverá a repetir.

Cada momento de nuestra vida transcurre y pasa. A ningún momento ido se le puede hacer volver; y ninguna oportunidad puede ser repetida en el verdadero sentido de la palabra. En el ejemplo del músico, podemos ver que aunque repita la misma presentación cien veces, ninguna de ellas será idéntica. Ningún momento en la vida se repite – sólo una grabación mecánica puede ser clasificada como una repetición idéntica y perfecta.

Puesto que ningún momento en la vida puede volverse a repetir, tiene poco sentido el desperdiciarlo en acciones que no sean realizadas con nuestro mejor esfuerzo. Es porque comúnmente la gente actúa de este modo que su vida se ve llena de arrepentimientos, ya sean lamentos de una juventud malgastada, o tristezas por oportunidades perdidas en relaciones quebrantadas. Ninguno de nosotros es inmortal, y ninguno de nosotros sabe cuándo o dónde nos encontraremos cuando la muerte venga por nosotros. En la presencia de la muerte, cualquier acto, sin importar su transcendencia o significado, puede ser nuestro último. La muerte nos puede encontrar haciendo compras, conduciendo el auto, cenando, pasando tiempo con nuestro enamorado, o simplemente mirando un bello atardecer. Si cualquier acto va a ser nuestro último en la tierra, entonces tiene sentido que sea el más perfecto de nuestros actos, y así uno debería "saborear" cada detalle de esos últimos momentos.

Vivir la vida con el conocimiento de que cada momento, cada acto, tiene gran transcendencia, es como llenar la vida con innumerables riquezas e infiltrar todas nuestras acciones con la cualidad llamada integridad. Al guerrero intachable no le importa que su vida o sus acciones puedan ser menos que perfectas. Al vivir su vida al máximo, y al llevar a cabo cada una de sus acciones con su mayor habilidad, el guerrero no se arrepiente de nada y no sufre remordimientos. Una vida vivida de esta forma es rica en felicidad y sorpresas, porque no hay oportunidades o momentos de placer perdidos.

La búsqueda implacable del hombre por la perfección en sus innumerables disfraces, es la mayor causante de infelicidad en el mundo. El hombre casi siempre pospone su placer en la vida, lo suspende hasta que tenga la carrera perfecta, el hogar perfecto o la cuenta bancaria perfecta. En su búsqueda de perfección, el hombre nunca disfruta completamente del momento presente, o de su situación presente; y por lo tanto raras veces brinda su mejor esfuerzo. En vez, el hombre vive una vida que es apenas vagamente feliz, llena de experiencias indeseables parcialmente percibidas, acciones indiferentes que están lejos de ser impecables.

LA PERFECCIÓN ES UN NECIO DESPERDICIO DE TIEMPO Y PODER PERSONAL, MIENTRAS QUE LA INTEGRIDAD ACRECIENTA EL PODER PERSONAL.

El motivo por el cual el hombre pone tanta importancia en la perfección es porque disfruta de la idea de ser superior a sus semejantes. Como resultado, la gente generalmente pasa largo tiempo pensando acerca de la perfección en una forma u otra. Esta reflexión excesiva abre paso a una gran cantidad de temores y de dudas basados en sentimientos de ser inadecuado. El hombre justifica estos sentimientos negativos viéndolos como el signo de un hombre que piensa – uno que tiene una profunda perspicacia, y por lo tanto, uno que puede ver todos los lados de una situación. Esto, sin embargo, está lamentablemente, muy lejos de ser verdad, porque tal hombre no piensa, en el sentido verdadero de la palabra, sino que meramente se entrega a sus miedos y dudas, y consecuentemente malgasta su precioso tiempo y oportunidad.

EL VERDADERO PENSAR ES INSTANTÁNEO; SÓLO LAS TRIVIALIDADES BASADAS EN LA IMPORTANCIA PERSONAL TOMAN TIEMPO CIRCULANDO POR LA MENTE.

El hombre llega a aceptar, a través del condicionamiento social, que la finalidad de la humanidad está basada en luchar para obtener perfección; mientras tanto, su razón le está asegurando que es perfectamente normal fomentar sentimientos de duda y confusión durante ese proceso. Y así es que, el hombre mirando a su alrededor y viendo que su prójimo piensa de la misma manera que él, se reconforta en esa seguridad y confianza. Buscando la aprobación de su racionamiento, así como el de sus semejantes, el hombre común es atrapado en un círculo vicioso irónicamente creado por él mismo. Si quiere lograr escapar de este círculo, entonces debe estar dispuesto a tomar sus riesgos, y descartar toda necesidad de aprobación, especialmente la de su mente racional.

EL GUERRERO NO PUEDE BASAR SU LÓGICA EN LA RAZÓN PORQUE SABE QUE LA MUERTE NO LE DEJARÁ ESPACIO PARA

SUPOSICIONES RAZONABLES. POR LO TANTO, EL GUERRERO SE ENCONTRARÁ PREPARADO PARA ATRAPAR SU FUGAZ MOMENTO DE SUERTE.

La razón del hombre constituye sin duda, su peor enemigo. Cuando le llegue el momento de tener que hacer uso de sus oportunidades, su razón invariablemente intervendrá tratando de inculcarle todo tipo de miedos y dudas. La razón no tiene sentido de aventura, ni de humor. Todo lo contrario, es una facultad severa y celosa. La razón es tan ávida de atención, que ni siquiera puede tolerar que el hombre haga uso de ninguna de sus otras facultades, tal como ser, el sentimiento o la intuición. Siempre que la razón encuentre su autoridad amenazada recurrirá, intentando incomprensiblemente, a que el hombre admita derrota, normalmente por medio de la confusión.

A veces, la razón del hombre, se ve como envuelta en un rebozo de confusión, que logra cegar a éste forzándolo a adherirse al tal llamado *acercamiento razonable*. Esta realidad, termina inevitablemente transformándolo en un hombre tímido y asustado, incapaz de tomar riesgo alguno. Lo que el hombre nunca llega a darse cuenta es que, es la misma razón la que lo traiciona ofreciéndole una fácil y rápida salida. Este es un extraño rasgo de la razón que prefiere admitir derrota antes de abandonar control. Por lo tanto, el hombre razonable siempre tiende a buscar excusas para no actuar, en vez de aventurarse a apresar su fugaz momento de suerte.

EL HOMBRE COMÚN PARA PODER RENDIRSE A LAS CONDICIONES EXPUESTAS POR LA RAZÓN, SE PASA CONTINUAMENTE BUSCANDO REFUGIO EN EL FRACASO. LA VERDAD ES QUE NO ES POSIBLE FALSIFICAR EL FRACASO O EL TRIUNFO.

Lo que el hombre por lo general denomina como fracaso, no es verdaderamente un fracaso, sino que simplemente una excusa para huir tímidamente de un desafío que no es de su gusto. La única forma de evitar la hegemonía de la razón es tener presente que la razón sólo ejercerá su monopolio mientras uno persista en la idea de que, nuestra visión del mundo está basada exclusivamente en la realidad. ¡Detén tu visión del mundo y la razón mansamente retornará al lugar que le corresponde! Si no nos adherimos a su condicionamiento social, la razón no se puede comportar con altanería, porque la razón del hombre está completamente programada de acuerdo a su condicionamiento social. Sin embargo, como ya hemos visto, detener nuestra visión del mundo evadiendo nuestro condicionamiento social sólo es posible si uno vive como un guerrero; ningún hombre nace siendo un guerrero, ni nace como un ser razonable – nosotros mismos somos los que hacemos la elección.

Para poder convertirse en un guerrero, uno debe estar preparado para tomar riesgos y luchar por su libertad. ¡No existe otro camino posible!

UNO NO PUEDE HACERSE GUERRERO SIMPLEMENTE POR MERO DESEO. EL CONVERTIRSE EN UN GUERRERO. ES UN PROCEDIMIENTO PRODUCTO DE UNA VIDA ENTERA DE LUCHA.

El guerrero no permanece inmune a los problemas del hombre común. En su lucha por ser integro, aun el guerrero sucumbe a la duda, al miedo, a la inseguridad, a los sentimientos de desamparo, y sobre todo, a la soledad. Sin embargo, el guerrero sabe que todos estos sentimientos son sólo estados de ánimo que lo espolean a mayores alturas, y por eso busca encontrar en las profundidades de su ser los significados más recónditos. Lamentablemente, el hombre común nunca hace el esfuerzo de preguntarse la verdadera validez de sus estados de ánimo, simplemente los acepta por su valor nominal.

SI UN GUERRERO SIENTE LA NECESIDAD DE SER RECONFORTADO, BUSCA A CUALQUIER PERSONA O COSA, YA SEA UN AMIGO, UN PERRO, UNA MONTAÑA, Y LE EXPRESA SUS SENTIMIENTOS MÁS PROFUNDOS. AL GUERRERO NO LE INTERESA QUE NO LE CONTESTEN, O QUE NO LE ESCUCHEN. LO QUE EL GUERRERO BUSCA NO ES EL SER ENTENDIDO O AYUDADO – SINO QUE AL

VERBALIZAR SUS SENTIMIENTOS ESTARÁ LIBERANDO LA TENSIÓN ACUMULADA DURANTE SU BATALLA.

Tal es la meta del guerrero, y tal es la integridad de su espíritu. Sin embargo, cuando el hombre común necesita ser reconfortado, invariablemente irá buscando confirmación de su visión del mundo. En tales ocasiones, el hombre generalmente se enfrenta con un desafío que presiente que no puede resolver, y por lo tanto, buscará la compañía de alguien que seguramente esté de acuerdo con él. Sintiéndose inadecuado, intentará convencer a su escucha de que no hay motivo para entablar lucha. De esta manera, busca conseguir condescendencia para ser alentado a admitir derrota para declararse por vencido. Si su amigo muestra estar de acuerdo con él, el hombre se sentirá confiado de que tiene el derecho de rendirse por voluntad propia, en vez de seguir intentando.

El primer requisito para caminar la Senda del Guerrero es encontrarse en un estado de integridad, pero para lograr este estado debemos sacrificar nuestra visión del mundo. El principal ingrediente de esta visión del mundo es la necia creencia de que contamos con tiempo ilimitado en esta tierra. En este respecto, la razón nos lleva definitivamente por camino errado, porque la razón se deleita haciéndonos creer que entiende todo, y que lo tiene todo bajo su control. Sin embargo, no hay más que entender el hecho de que contamos con habilidades increíbles y potenciales magníficos que nunca emergen, a menos que, tengamos la espada del Rey Damocles colgando sobre nuestra cabeza.

De acuerdo con lo arriba expresado, el guerrero escoge vivir enfrentando desafíos y reconoce el hecho de que no puede comportarse como un ser inmortal. El guerrero no malgasta su tiempo quejándose de su vida, ni gasta su *poder personal* echándole la culpa a otros. Viviendo su vida basándose en *riesgos* el guerrero siempre está listo para asir su fugaz momento de suerte y reclamar su *poder*. El guerrero es un ser intachable luchando por su libertad, y en su lucha percibe la vida por lo que realmente es. Para el guerrero la vida es un desvío corto, pero emocionante en un mundo maravillosamente bello – un desvío extravagantemente rico en desafíos y oportunidades, y uno que contiene todas las atribuciones para ser placentero y exitoso.

Hoy día, la humanidad se encuentra en el umbral de una nueva era. Consecuentemente, tú has sido guiado a leer este libro por medio de aquellos poderes que dictan la vida y la muerte de cada ser viviente en esta tierra. De acuerdo con la antigua profecía, yo he estado revelando en este libro, conocimiento que nunca ha sido manifestado abiertamente a nadie más que a unos pocos seleccionados. Por virtud de esto, ya no puedes reclamar ignorancia. Ahora mismo el Espíritu* está tocando a tu puerta. Si lo deseas, puedes abrirla, o ignorar su llamado. Si lo deseas puedes asir tu fugaz momento de suerte e ir con el Espíritu, o puedes retornar a tu existencia presente si es eso lo que tu corazón te está pidiendo.

Sin embargo, antes de tomar tu decisión, hazte esta pregunta: "¿Tiene corazón mi senda?"

Yo no puedo contestar a esa pregunta por ti, ni puedo realmente expresar la intensidad de lo que ya se te ha impartido hasta este punto. En vez, te ofrezco las conmovedoras palabras de Walter de la Mare. En su poema, Los Escuchas, de la Mare expresa el estado de ánimo y la intensidad de este momento con mucha profundidad.

"¿Hay alguien ahí?" preguntó el Viajero,
Golpeando en la puerta iluminada por la luna;
Mientras su caballo en el silencio mordiscaba los pastos
Del suelo con helechos del bosque:
Y un pájaro voló hacia arriba del torreón,
Sobre la cabeza del Viajero:
Y golpeó otra vez la puerta por segunda vez;

* *El nagal o aquella Presencia inefable que satura todo el universo manifiesto, pero que también sólo existe más allá de éste; el Inefable o aquel gran vacío en el cuál está contenido el universo manifiesto en cualquiera de sus apariciones periódicas.*

"¿Hay alguien ahí?" Preguntó.
Pero nadie descendió hacia el Viajero;
Ninguna cabeza del marco bordeado de hojas
Se inclinó mirando en sus ojos grises,
Dónde se erguía perplejo y quieto.
Pero sólo una hueste de escuchas fantasma
Que habitaban en la solitaria casa
quedaba escuchando en el silencio de la luz de luna
A esa voz del mundo de los hombres:
Apiñados en los vagos rayos de luna en la oscura escala,
Que baja al pasillo vacío
Escuchando en el aire revuelto y agitado
Al solitario llamado de Viajero.
Y sintió en su corazón su extrañeza,
Su quietud al contestar su llamado,
Mientras su caballo se movía, masticando el oscuro césped,
Bajo el cielo estrellado y lleno de hojas;
Repentinamente golpeó de nuevo la puerta, aún más
Fuerte, y levantó su cabeza:-
"Decidles que vine, y nadie contestó,
Que mantuve mi palabra," dijo.
Nunca se movieron los Escuchas
Aunque cada palabra que habló
Cayó haciendo eco a través de las sombras de la quieta casa
Del único hombre que parecía estar despierto:
Ay, oyeron su pie en el estribo,
Y el sonido del hierro en la piedra,
Y cómo el silencio como un oleaje se retractó suavemente,
Cuando las encorvadas herraduras se hubieron marchado. [1]

"Is there anybody there?" said the Traveller,
Knocking on the moonlit door;
And his horse in the silence champed the grasses
Of the forest's ferny floor:
And a bird flew up out of the turret,
Above the Traveller's head:

And he smote upon the door again a second time;
"Is there anybody there ?" he said.
But no one descended to the Traveller;
No head from the leaf-fringed sill
Leaned over and looked into his grey eyes,
Where he stood perplexed and still.
But only a host of phantom listeners
That dwelt in the lone house then
Stood listening in the quiet of the moonlight
To that voice from the world of men:
Stood thronging the faint moonbeams on the dark stair,
That goes down to the empty hall,
Hearkening in an air stirred and shaken
By the lonely Traveller's call.
And he felt in his heart their strangeness,
Their stillness answering his cry,
While his horse moved, cropping the dark turf,
'Neath the starred and leafy sky;
For he suddenly smote on the door, even
Louder, and lifted his head:-
"Tell them I came, and no one answered,
That I kept my word," he said.
Never the least stir made the listeners,
Though every word he spake
Fell echoing through the shadowiness of the still house
From the one man left awake:
Ay, they heard his foot upon the stirrup,
And the sound of iron on stone,
And how the silence surged softly backward,
When the plunging hoofs were gone. [1]

Si la senda por la que ahora caminas te ofrece la realización que buscas, entonces no tendrás necesidad de abrir la puerta. Pon a un lado este libro, pero recuerda una cosa – el Espíritu se acerca al hombre una sola vez en la vida. Ningún momento de la vida se vuelve a repetir, puesto que eso significaría vivir una existencia estática. Creer que tendremos otra oportunidad para alcanzar este sendero más tarde, es sólo para necios, porque una vez que el Espíritu ha tocado a tu puerta sólo espera un momento antes de marcharse. En este respecto, la única compañera constante del hombre en el curso de su vida es la muerte, que por supuesto no nos ofrece garantías en la vida.

Si, por otra parte, decides contestar al llamado en tu puerta, entonces recuerda que estarás escogiendo una senda sin retorno. Una vez que uno se embarca en la Senda de la Libertad la vida cambia irrevocablemente, y ese cambio no nos permite reanudar nuestra previa existencia. Una vez más, me veo obligado a citar el verso final del poema de T. S. Eliot, Viaje de los Magos.

"Regresamos a nuestros lugares, estos Reinos,
Ya no nos sentimos tranquilos, en la vieja dispensación,
Con gente ajena empuñando sus dioses.
Debería estar contento de enfrentar otra muerte." [2]

"We returned to our places, these Kingdoms,
But no longer at ease here, in the old dispensation,
With an alien people clutching their gods.
I should be glad of another death." [2]

TERCERA PARTE

Las Enseñanzas
APLICACIÓN DE TÉCNICAS

EL DRAGÓN

"...con un indefectible intento dividirán al mundo en dos, para que la luz y la oscuridad se vean manifestadas en toda su plenitud. Entonces la Lanza del Destino volará certera otra vez, y la Espada del Poder resonará con la Verdad Única y destellará la llama azul del Poder Único."

Extracto de las profecías del Innombrable

(Dibujos en lápiz por Susan Emily)

Susan Emily

CAPÍTULO VII

TRABAJANDO CON LAS EMOCIONES Y EL INTENTO

Antes de lanzarnos a estudiar las técnicas y sus procedimientos, tales como la *recapitulación* y el *no-hacer*, necesitaremos primeramente aclarar algunos conceptos claves que ya han sido considerados anteriormente. A este respecto es de suprema importancia tener en mente que la Senda del Guerrero es una senda práctica. Esto implica, por lo tanto que, primero, las enseñanzas deben ser puestas en práctica, si han de beneficiar al lector; y segundo, tener en cuenta que el único conocimiento verdadero es aquel que surge exclusivamente de experiencias personales. Este punto es enfatizado una vez más aquí, porque a menudo, los aprendices caen fácilmente en la trampa de creer que los ejercicios prácticos son de por sí suficientes – de hecho, no lo son. Todas las enseñanzas son absolutamente necesarias y, a menos que el aprendiz se esfuerce por poner en práctica cada uno de los varios conceptos, no logrará triunfar en la Senda del Guerrero. Este factor se vuelve de vital importancia dentro de las enseñanzas especialmente cuando tratemos temas como ser, las *emociones y el intento*.

El conocimiento que busca el guerrero es producto de la percepción, es decir, del *poder*; pero la percepción solamente puede tomar lugar dentro del transcurso de la vida cotidiana. Tal percepción obviamente, será única para cada individuo, y por lo tanto, el conocimiento adquirido de cada experiencia naturalmente no dejará de ser único. Después de una etapa de práctica, el individuo rápidamente se dará cuenta de que la mayor parte de su conocimiento, aunque ya haya sido asimilado, no podrá ser propiamente verbalizado. Es por esta razón que los

Toltecas siempre han mantenido que las *verdaderas enseñanzas* nunca han sido, y nunca podrán ser, escritas o perpetuadas de forma alguna.

Contrariamente a la creencia popular, todo el conocimiento surge del lado izquierdo, y como tal, es irracional. La única actividad que ocurre en el lado derecho es la computación y la estructuración del conocimiento adquirido en este lado mencionado, además del sistema de información recogido por la teoría. Se debe recordar que el lado izquierdo es irracional y, por lo tanto, no conforma con los padrones de pensamiento lineales y secuenciales experimentados en la conciencia normal, es decir, del lado derecho. Consecuentemente, es imposible verbalizar el lado izquierdo con precisión – lo más que podemos hacer es exteriorizar nuestras experiencias; o en otras palabras, podemos expresar y describir lo que hemos visualizado en el lado izquierdo. Esta expresión será solamente una interpretación lógica del conocimiento que yace más allá del límite de las palabras, puesto que las palabras para ser coherentes, por su misma naturaleza demandan ser lineales y secuenciales.

Existe por lo general, una gran confusión en la mente del nuevo aprendiz en lo que se refiere a la manifestación de la conciencia del lado izquierdo y a su verdadera naturaleza. No existe nada misterioso acerca de la conciencia del lado izquierdo, o conciencia acrecentada, como algunas veces se la denomina. Toda la humanidad aunque nunca la identifique o la entienda completamente, está familiarizada con ella. Por lo tanto, tratemos de analizar este punto para comprenderlo con más claridad. Repasemos nuevamente las Verdades de la Conciencia, que por conveniencia se ven repetidas aquí.

> 1. *El universo consiste en un número infinito de campos de energía que se asimilan a hilos de luz.*
>
> 2. *Estos campos de energía filiformes irradian de una fuente de dimensiones inimaginables, metafóricamente llamada el Águila. Como tales, estos campos de energía son llamados Emanaciones del Águila.*

3. Asimismo, los Seres Humanos están compuestos de un mismo número infinito de campos de energía filiformes, que se manifiestan en forma de un huevo luminoso. La altura de este huevo es igual a lo largo del cuerpo de un hombre con los brazos completamente extendidos sobre su cabeza en el eje vertical, y el ancho del huevo, es igual al ancho de los brazos del hombre extendidos hacia fuera desde el centro de su cuerpo sobre el eje horizontal. Este huevo es conocido como la "cápsula del hombre."

4. Sólo un grupo pequeño de campos de energía dentro de la cápsula está iluminado por un punto brillante de luz localizado en la superficie de la misma.

5. La percepción toma lugar cuando los campos de energía que son iluminados por el punto de luz iluminan los correspondientes campos de energía fuera de la cápsula. Este punto de luz es llamado el punto donde la percepción se ensambla, normalmente llamado el punto de ensambladura.

6. Es posible mover el punto de ensambladura a cualquier posición en la superficie de la cápsula, o incluso a su interior. Puesto que el punto de ensambladura ilumina cualquier campo de energía con el cuál entra en contacto, los nuevos campos de energía que ilumina como resultado de tal desplazamiento constituyen, por lo tanto, una nueva percepción. Es este nuevo nivel de percepción lo que es conocido como ***ver****.*

7. Cuando el punto de ensambladura se desplaza lo suficientemente lejos, se percibe un mundo totalmente nuevo, que es tan real como el que el hombre normalmente observa.

8. Hay una misteriosa fuerza llamada ***intento*** *que existe en todo el universo. Esta es esta fuerza que produce la percepción, puesto que el* ***intento*** *es el que, en primer lugar alinea los campos de energía y en segundo lugar causa la conciencia de la alineación.*

9. La meta de los guerreros es experimentar todas las posibles percepciones accesibles al hombre. Esto constituye lo que es conocido como la ***Conciencia Total****, que tiene inherente dentro de sí una forma alternativa de morir.*

Estos nueve preceptos forman la piedra angular de las Enseñanzas Toltecas. Tanto la conducta como el entendimiento de todos los guerreros están basados sobre estos preceptos fundamentales. Por lo tanto, estas verdades deben ser estudiadas hasta que sean completamente entendidas, y plenamente asimiladas. Sin este ABC de la Senda Tolteca, las enseñanzas se degenerarán en una inútil recolección de un vacío intelectualismo.

Con respecto a las Verdades de la Conciencia, un punto que debe de ser recordado es que, el hombre es un microcosmo del macrocosmo – es decir, el hombre es una réplica exacta del universo en miniatura. Dentro del universo existen siete bandas de campos de energía interrelacionados, que a su vez se manifiestan como siete sub-bandas. Esta manifestación también se aplica al hombre común. Extendiéndose a través de varias de las grandes bandas dentro de la cápsula del hombre, hay una mezcla de sub-bandas formando una colección particular de campos de energía. Esta colección constituye aquella cualidad de la conciencia que se identifica como peculiarmente *humana*.

Esta mezcla de sub-bandas resulta ser de lo más confusa para cualquiera que no sea un vidente experimentado, y es por lo tanto, denominada simplemente como la *Banda del Hombre*. Sin embargo, debido a que la mayoría de las posibles percepciones dentro de la Banda del Hombre están más allá de la experiencia normal de éste y consecuentemente más allá de su percepción normal, éstas se agrupan dentro de la denominación técnica denominada *lo desconocido*.

En las enseñanzas Toltecas, la conciencia normal es conocida como de la Primera Atención, es decir, la correspondiente al lado derecho. El lado izquierdo es conocido como de la Segunda Atención. La Primera Atención es definida como el punto donde se realizan *todas las posibles permutaciones de la percepción dentro de la posición 'normal' del punto de ensambladura*. En este respecto, el hombre común, carecente de un punto de ensambladura fluido, siempre utiliza sólo una de las posibles permutaciones accesibles dentro de la conciencia normal, cuya denominación es *lo conocido*. Por otra parte, el guerrero, habiendo logrado un punto de ensambladura fluido, desdobla *todas* las posibles permutaciones de la Primera Atención, y llama a esto *claridad o sobriedad*.

La Segunda Atención, o el lado izquierdo, *es la totalidad de todas las posibles permutaciones de la percepción que son accesibles cuando el punto de ensambladura se desplaza a cualquier parte dentro de la Banda del Hombre*, esto es, dentro del alcance de aquellos campos de energía que constituyen la verdadera experiencia humana. Estos campos de energía obviamente, deben incluir también aquellos del reino animal, del cual el hombre es una de las especies.

Debido a su calidad linear, el pensamiento racional se hace posible solamente bajo el impacto de la razón. No obstante, la razón sólo puede operar en una conciencia normal porque es precisamente cuando el punto de ensambladura alinea esos particulares campos de energía en particular, que constituyen la Primer Atención, que el pensamiento puede fluir en forma linear y secuencial. Esta es la peculiaridad y la ventaja de la Primera Atención. En cambio cuando el punto de ensambladura alinea los campos de energía que no forman parte de la Primera Atención, el pensamiento lineal cesa, y el conocimiento fluye conforme a un padrón irracional en el cual la secuencia, y consecuentemente el tiempo, carecen de relevancia.

Cuando el conocimiento fluye de manera irracional donde no parece existir punto de referencia temporal aparente, la experiencia se denomina *inspiración directa* o *iluminación*. Tal iluminación es técnicamente llamada *videncia*, o si se desenvuelve de forma lenta debido a la falta de energía o *poder personal*, la experiencia entonces toma un carácter de *ensoñación*. Debido a que muy pocos aprendices cuentan en su comienzo con el *poder* suficiente, cuando el punto de ensambladura desplaza la experiencia así adquirida, éstos experimentarán lo que técnicamente hablando se denomina *el soñar*.

Durante el sueño el punto de ensambladura del hombre no queda fijado por la Primera Atención, debido a que éste se desplaza de manera espontánea, pero caótica – los resultados obtenidos son lo que generalmente experimentamos como "sueños ordinarios". También, como muy poca gente tiene la disciplina mental necesaria para recordar sus sueños ordinarios, coincide que se "olvidan" de las experiencias del lado izquierdo cuando el punto de ensambladura regresa a su posición habitual. El olvido de la conciencia del lado izquierdo, no niega de forma alguna, la influencia de este conocimiento; sino que contribuye con que este conocimiento se manifieste en una forma en la que los psicólogos llaman *subconsciente* o *subliminal*. Hasta nuestros sueños ordinarios producen un efecto subconsciente en nuestra conciencia, y por lo tanto, también en nuestra experiencia de vida, como cualquier psicólogo confirmará.

Aunque pueda parecer chocante, el hombre común generalmente *no piensa;* primero, porque nunca recuerda la conciencia del lado izquierdo, y segundo, porque es incapaz de efectuar diferentes permutaciones de percepción dentro de la conciencia normal. Como resultado, el hombre raras veces logra soluciones originales a problemas específicos, sino que, intenta manipular ideas y pensamientos que ha heredado de su educación social para solucionar los problemas que se halle barajando entre manos. Esto generalmente resulta en lo que se denomina *pensamiento circulante* o *diálogo interno*, como ilustración se podría decir que sería como si el hombre tratase de "forzar un cubo en un hoyo redondo."

Aquellas personas que han logrado la habilidad de efectuar algún movimiento de su punto de ensambladura, ya sea dentro de los confines de la Primera Atención o dentro de la Segunda Atención, resultan ser los verdaderos pensadores del mundo. Lo que el hombre usualmente describe como un "destello de brillantez" es inevitablemente el resultado del movimiento del punto de ensambladura. En este respecto, es interesante notar cuántas "ideas brillantes" son percibidas inicialmente en sueños, sin importar si ocurrieron "soñando despierto" o en periodos normales durante el sueño.

No debemos dejar de recordar que, la primera tarea que enfrenta cualquier aprendiz es conseguir suficiente *poder personal* para desplazar su punto de ensambladura. Primero, el aprendiz debe desplazar su punto de ensambladura dentro de los confines de la conciencia normal para lograr claridad de visión; luego debe aprender a desplazar la posición de su punto de ensambladura hacia la conciencia acrecentada para poder conseguir estados alterados de percepción.

La paradoja que así emerge y que frecuentemente causa confusión, es que solamente por medio del *intento* es que será posible conseguir suficiente *poder personal* para mover o desplazar el punto de ensambladura. Debe tenerse en mente que es el *intento* el que nos hace percibir, y que el *poder personal* es el producto de la percepción. *El Intento* es definido como *la única fuerza presente en todo el universo* – es simplemente la *voluntad inquebrantable* o el *propósito* del Águila. El *intento* está presente dentro de todas las formas de vida, tanto orgánica como inorgánica, y por lo tanto, obviamente se manifiesta en un despliegue caleidoscopio de variaciones y diferenciaciones.

El verdadero propósito del ser humano es aprender cómo desplegar y dirigir la fuerza del *intento,* que se mantiene tan aferrado dentro de la conciencia del hombre como dentro de la conciencia del Águila Misma. El *intento,* por lo tanto, no es una fuerza extraña o foránea, sino que constituye la herencia legítima del hombre. Todos nacemos con la habilidad de desarrollar el *intento* hasta su máximo potencial.

Es importante que ahora definamos los términos *humano* y *hombre.* Los Toltecas definen al ser humano como la persona social en el plano físico, es decir, el *tonal.* El prefijo *"hu"* tiene su etimología original en el lenguaje egipcio, el cual significa "tigre". Por lo tanto, el término *humano* significa literalmente "hombre tigre", o simplemente "hombre animal". Debe entenderse sin embargo, que no es el *ser humano* el que se encarna, sino que es la *conciencia del nagal.* Esta conciencia, que en la mayoría de las escuelas esotéricas ha sido llamada el *ego reencarnante,* es denominada como *soñador* en las enseñanzas Toltecas. El término *hombre,* por lo tanto, reúne las características del *nagal,* del *soñador* y del *tonal.*

El concepto del soñador va más allá del alcance de este primer volumen, pero se menciona aquí, con el solo propósito de evitar fisuras innecesarias en la información presentada y, además para indicar que a menudo se llama *tonal* a lo *soñado.* En otras palabras, durante la encarnación física, el soñador sueña, no solamente con el *tonal*, sino con el destino de ese *tonal*. Es importante entender este concepto, porque es la *voluntad* del hombre soñador, manifestar sobre el plano físico, el *intento* por medio de su instrumento, el *tonal*. Consecuentemente podemos ver que no es tan difícil cultivar el *intento*, puesto que el hacerlo es inherente al destino de todo hombre. Todo lo que se requiere es el esfuerzo necesario, y es allí donde yace el valor del trabajo práctico.

Para completar esta sección sobre las enseñanzas debemos tratar aun otro punto de interés. Este tema concierne con lo que es llamado la Tercera Atención. Aunque, como hemos ya explicado, la Tercera Atención no es un tema que ataña directamente a la mayoría de los aprendices en esta etapa, no podemos negar que hace sentir su efecto sobre el intento, así como también su influencia sobre otros dos conceptos que hoy día reciben mucho interés mundialmente, a saber: la meditación y la magia.

A menudo la gente me dirige preguntas acerca de la visión Tolteca sobre la meditación. Para entender la visión Tolteca es importante haber afianzado el concepto del soñador. La meditación no es un pensamiento circulante, ni es tampoco la repetición aleatoria de un mantra, porque esto se resumiría a un diálogo interno. La verdadera meditación consiste en mantener un total silencio interior – un silencio dentro del cual sólo reina la conciencia. Esta conciencia es por supuesto, el soñador, y cuando se entra en este estado, el ser social literalmente se compenetra con su soñador.

Esto significa que durante la meditación el practicante entra en un estado de conciencia total, y es en este estado particular, que es capaz de entender el propósito de su soñador en ese preciso momento en el tiempo. Por lo tanto, nos resultará obvio notar que la verdadera meditación no podrá tomar lugar sin que antes el practicante logre el dominio del arte de silenciar el diálogo interno. Evidentemente, para detener el diálogo interno, se requerirá *poder personal*.

No interesa realmente que forma de meditación sea utilizada al final de todo, provisto que sea practicada en tal manera que lleve a silenciar el diálogo interno y contribuya con el manejo apropiado del *poder personal*. Este es el verdadero propósito de todas las técnicas de meditación, pero desafortunadamente, casi todos los practicantes se ven atrapados precisamente en la forma de practicar la meditación o en el mantra, y consecuentemente nunca llegan a alcanzar la meta deseada. Por ejemplo, en el Raja Yoga el hombre normalmente se ve obsesionado con el acto de la visualización, sin darse cuenta que la visualización sólo constituye una ayuda para detener el diálogo interno. De la misma forma, un hombre que utiliza un mantra en su meditación se obsesiona con mantener el mantra y, no se da cuenta que en algún punto el mantra debe cesar para dar paso al silencio interior. En ambos ejemplos, es la obsesión la que perjudica al hombre y la que le hace mantener el punto de ensambladura firmemente fijado en la conciencia normal.

Un aspecto importante de mencionar es que, cuando el guerrero haya adquirido suficiente *intento* será capaz de silenciar el diálogo interno, que a su vez le permitirá romper la fijación de su conciencia y hacer fluido su punto de ensambladura. Una vez que esto se haya logrado, el guerrero no solamente entrará en la conciencia de su soñador, sino que se identificará con su soñador, que constituye en definitiva, su *verdadero ser*. Este estado se denomina la Tercera Atención, un nivel de conciencia donde el guerrero puede conscientemente manipular la expresión de la única fuerza universal de su soñador, a saber, *la voluntad del Águila*, o *intento*. Por lo tanto, se dice que llega un momento en la vida de un guerrero cuando *el comando del guerrero se convierte en el comando del Águila*.

Esta afirmación no debe ser confundida con el concepto religioso de la Unidad de la Conciencia, o la Conciencia Universal, o La Unidad con Dios, o entrar en la Mente o el Corazón de Dios, o con ninguna otra declaración similar. A este respecto, se debe recordar que la Tercera Atención implica la habilidad de guiar el punto de ensambladura a cualquier posición dentro de la Banda del Hombre. Los guerreros no son tan arrogantes como para olvidarse que al realizar esta acción se están moviendo meramente dentro en los confines de *lo inconocible*. Y logran su intento dejando intacta esta área.

El hombre, al ser un microcosmo del macrocosmo, no posee *lo inconocible* dentro de sí, porque el poder tener acceso a esos campos de energía es aventurarse más allá de la Banda del Hombre. Esto es perfectamente posible, pero aventurarse en *lo inconocible* es cesar de ser humano. No hay duda que algún día el hombre habrá alcanzado un nivel de conciencia que le permita entrar sin peligros, en la impensable inmensidad de lo inconocible, pero ese no es el propósito actual de los soñadores de la humanidad. Con este fin en mente, es suficiente para la mayoría de la humanidad contentarse, en este momento en el tiempo, con sólo lograr entrar en la Tercera Atención, ya que constituye algo bastante trabajoso y sin duda, un verdadero desafío.

Tomando en consideración todo lo mencionado anteriormente, la Tercera Atención puede ser definida como *aquella* ***calidad*** *de la conciencia que se muestra como el* ***propósito*** *del soñador*. El hecho de demostrar esta cualidad sobre el plano físico es lo que el hombre común llama magia, o milagro. El propósito por el cual la llamamos magia es triple en su naturaleza, debido a que se manifiesta como *movimiento, sonido* y *color*. Por supuesto, este factor concierne al guerrero. En el plano físico encontramos que el *movimiento* corresponde a la acción física, el *sonido* al pensamiento y el *color* a la emoción. Por lo tanto podemos decir que, *la emoción inicia el pensamiento que se materializa en acción*.

No es posible exponer más dialéctica acerca del *intento* en este volumen, excepto que la magia, en su definición más pura, no es más que el uso del *intento* adquirido a través de la manipulación del color, sonido y movimiento; o sea, emoción, pensamiento y acción. La única razón por la cual este tema ha sido tratado aquí es porque es vital entender que, la emoción es la manifestación del *intento* del soñador en el plano físico. Por lo tanto, a través de todas las enseñanzas Toltecas se notará que se enfatiza la emoción en varias oportunidades, de una forma o de otra.

Para aclarar cualquier confusión que reste sobre el tema de magia, debería notarse que la magia tiene dos manifestaciones posibles. Una de estas formas, conocida como el *Segundo Anillo de*

Poder, es la que se mencionó previamente, en la que el mago utiliza el poder del *intento puro.* La otra forma es conocida como el *Primer Anillo de Poder,* una antigua forma de magia basada en rituales, encantamientos, embrujos y fórmulas de todo tipo y descripción. Esta segunda forma de magia, que es la más comúnmente conocida, es incómoda y muy limitada, puesto que está basada en el *poder* del *tonal.*

Es un extraño y profundo misterio de la tradición Tolteca, y como tal, generalmente malentendido que el *tonal,* perfectamente controlado y disciplinado, tenga su propio *poder* inherente. Este *poder,* sin embargo, no sólo es limitado en comparación con el poder del *intento,* sino que tiene la posibilidad de agotarse. Por lo tanto, un practicante de este segundo tipo de magia puede llegar a agotar tanto su *poder,* como a sí mismo, algo que los verdaderos Toltecas siempre han tratado de evitar. No sólo es el *intento* mucho más práctico y poderoso, sino que es ilimitado e inagotable. Estos dos caminos han sido llamados respectivamente de varias maneras; La Senda Mayor y Menor de la Magia, El Poder Mayor y Menor, El Mago del Intento Puro y el Mago de Fórmulas, El Mago y El Shaman, etcétera.

Es importante recordar que en el análisis final no hay más que el *intento* – la *voluntad del Águila* – y que este *intento* se manifiesta dentro del hombre; primero, como el color de su soñador, y segundo, como la emoción de su *tonal.* Por lo tanto, la tarea del aprendiz en todo trabajo práctico es aprender como cultivar su herencia natural, el *intento.* Una vez que ha entendido este factor, el camino hacia delante se hallará libre. Una cosa llevará a la siguiente hasta que finalmente el aprendiz adquirirá la habilidad de manipular el *intento,* que a su vez lo guiará a obtener el poder de trabajar con sonido y movimiento.

Esto implicaría que el aprendiz podría tornarse en un mago automáticamente, pero esto no sucede necesariamente en el verdadero sentido de la palabra. Hay mucho más en la magia de la vida que en lo que se aprecia en meros actos fenomenales que engendran reverencia. El verdadero propósito de los poderes mágicos del hombre no es el de entretener, sino el de crear, en el verdadero sentido de la palabra. Algunas veces, por algún motivo u otro, es importante que el mago sea capaz de demostrar sus poderes en el plano físico, y cuando esto suceda, entonces si ha dedicado el suficiente tiempo y esfuerzo debidos, logrará desarrollar esta habilidad. Sin embargo, no es imprescindible demostrar esos poderes fenomenales.

El mago del *intento puro* no es un animal de circo; su trabajo requiere la disciplina e integridad del que ha entendido la interrelación que existe en la vida en general. De acuerdo con este concepto, el verdadero mago se entrega a la cooperación inteligente entre el hombre y las fuerzas del destino, y aprende a utilizar sus poderes mágicos dentro del contexto del eterno y magnífico acto que significa la creación. Tales actos, sin embargo, suceden entre bastidores, dentro de un mundo nunca visto por ojos mortales. Es dentro de este mundo desconocido donde se mueven los verdaderos Toltecas, y es ahí donde todos ellos comienzan el denominado *viaje definitivo del poder*.

La clave para revelar mundos desconocidos yace en la habilidad y pericia del guerrero en saber manejar, la *emoción* y luego el *intento*. Por lo tanto, la primera tarea práctica asignada a todo aprendiz es aprender a reconocer las emociones por lo que verdaderamente son, para luego aprender a usarlas inteligentemente.

En lo que se refiere a este aspecto, todo aprendiz preguntará cómo debe utilizar sus emociones, y, sin embargo, tan obvia como parece ser esta pregunta, debemos considerarla inválida. Simplemente, porque del mismo modo, el aprendiz podría preguntar, ¿cómo se supone que uno deba utilizar sus pulmones para respirar, o sus piernas para caminar o erguirse? Tal pregunta carece de sentido, por la simple razón de que si no respiras te morirás, y si no te yergues sobre tus piernas, no te podrás mantener de pie y mucho menos caminar. Sin embargo, entiende que a ninguno de nosotros se nos ha enseñado como respirar o usar nuestras piernas. Estos dos actos son simplemente actos del *intento*, así como todo lo que hacemos, y en este respecto, el aplicar las emociones se puede catalogar exactamente bajo el mismo rótulo.

No obstante, así como la mayoría de la gente carece del conocimiento de cómo respirar profunda y correctamente, la mayor parte de la gente no sabe cómo centrar el peso de su cuerpo para lograr el máximo funcionamiento de su sistema muscular, simplemente porque no lo han aprendido. Cualquier cantante de opera confirmará que respirar apropiadamente es un arte especializado, y cualquier gimnasta admitirá que mucho tiempo antes de poder realizar proezas gimnásticas, éste pasó innumerables horas, durante muchos años aprendiendo como centralizar el peso del cuerpo adecuadamente, y como aislar y controlar la acción de cada uno de sus músculos. El aprendiz a la Senda del Guerrero tiene que rendir un programa de entrenamiento muy similar al de aprender el correcto uso de las emociones. El punto que queremos enfatizar aquí es que, todos respiramos, usamos nuestros cuerpos, y nuestras emociones por igual. Simplemente, algunos lo hacemos mejor que otros.

Hay muy poca gente en el mundo que realmente puede afirmar estar en control de sus emociones. Muy frecuentemente, las emociones del hombre se encuentran total o parcialmente suprimidas, ó, más o menos fuera de su control consciente. No obstante, aprender a desbloquear y utilizar las emociones no es del todo difícil, pero sí requiere ejercer gran cuidado para evitar resultados desagradables, e incluso indeseables. De todos modos, antes de ver cómo aplicar esta técnica, es importante aclarar un punto que a menudo causa confusión.

La diferencia a tratar aquí tiene que ver con la disparidad que existe entre *sentimientos* y *emociones.* Aclaremos que estas dos palabras no son idénticas, ni siquiera sinónimas. Los sentimientos y pensamientos a menudo pueden dar lugar a emociones, no obstante, los sentimientos no son emociones. La verdadera naturaleza de los sentimientos será tratada en subsiguientes volúmenes, en esta ocasión será suficiente con exponer los sentimientos que constituyen *el registro del conocimiento del lado izquierdo* para el cual la mente racional carece de un sistema de referencias. Las emociones, por otra parte, son impulsos secundarios generados por el acto de la percepción, y dependiendo del nivel de sobriedad del individuo, resultarán puras en su simplicidad o impuras en su complejidad.

Para aclarar mejor el concepto, es necesario dar a conocer que hay sólo cuatro emociones puras, a saber: la ira, el miedo, la felicidad y la melancolía. Todas las otras emociones son mezclas de dos o más de estas emociones primarias, y como tales no se consideran puras. Estas cuatro emociones puras son expresiones de *deseo;* la manifestación física de la única fuerza universal que es el *intento.* La ira es el *deseo de pelear*, el miedo es el *deseo de retraimiento*, la felicidad es el *deseo de vivir* y la melancolía es el *deseo de cambiar*.

De lo anterior podemos deducir el porqué es importante para un aprendiz aprender a reconocer sus emociones por lo que realmente son, puesto que solamente así las sabrá utilizar con sabiduría y para su beneficio. La única forma de realizar este aprendizaje es cultivando un nivel de conciencia que es conocido como el estar *bien despierto** – éste es el primer pre-requisito para caminar la Senda del Guerrero. Obviamente, no será posible aprender a convertirse en un guerrero si uno vive su vida en un estado semiconsciente. El guerrero está completamente consciente de cuáles emociones son generadas por la percepción, asimismo de cuáles son sus causas, propósitos y potenciales.

Para aclarar cómo se deben utilizar las emociones, veamos algunos ejemplos. Consideremos un hombre llamado León que tiene un temperamento que con mucha facilidad lo lleva a ponerse violento. Ya hemos visto anteriormente en este libro la futilidad de suprimir las emociones. En este caso particular León no puede permitir que su agresión llegue a descontrolarse. Si León desea lograr convertirse en un guerrero, debe aprender a manejar su agresión con pericia, para luego saberla utilizar como herramienta en la técnica de recapitulación.

Observemos la siguiente situación en la que León se verá involucrado. Imaginemos que un día ve a su vecino que está tirando desperdicios a su jardín sobre el muro común. León no se contendrá y se enfurecerá inmediatamente, pero de nada le valdrá ir a golpear a su vecino. Aunque en ese preciso momento, León se vería deleitado en demostrar su enojo en acción, se da cuenta que debe contenerse. Cabría también la posibilidad de

* *(nota del traductor) Significando estar totalmente alerta.*

simplemente ignorar el incidente. No obstante, León considera que ésta no resultaría una respuesta satisfactoria, y entonces ingenia un plan de acción. Tomando una bolsa, cuidadosamente junta la basura y la coloca en ella. Momentos después camina hacia la casa de su vecino y golpea a su puerta.

León está aun temblando de ira, cuando su vecino abre la puerta, pero forzándose y demostrando calma, le entrega cortésmente la bolsa con basura, diciendo: "Me parece que esto te pertenece".

Con el rostro rojo de vergüenza, el vecino de León mansamente toma la bolsa y entre dientes trata de disculparse. León atina a dar una inexorable sonrisa, y después de asegurarle a su vecino que fue un placer el devolverle sus bienes perdidos, se da media vuelta y se marcha.

En este caso en particular, León no suprimió su ira, pero actuó con integridad al dejar que su ira "diese leña" a sus subsiguientes actos. Como resultado, León logró divertirse bastante, y aprendió que fue realmente provechoso el haber usado sus emociones positivamente. Más aun, León entendió que de este modo, al controlar su ira había evitado lo que pudo haberse convertido en una situación bastante desagradable.

Si León no fuese agresivo, sino tímido por naturaleza, podría haber manejado la situación de la misma manera, esta vez dejando que la ira promoviera su valentía. Alternativamente, si no hubiera considerado oportuno el confrontar directamente a su vecino, simplemente podría haber puesto la bolsa frente a la puerta de éste, junto con una nota pidiéndole que se abstuviera en el futuro de este tipo de comportamiento. El efecto hubiese sido el mismo, y de cualquier manera León hubiera obtenido su logro.

Consideremos seguidamente una mujer llamada Lidia, que es normalmente bastante tímida y que se siente ofendida con facilidad. De hecho, a diferencia de León, Lidia no es agresiva en absoluto, sino que ha pasado casi toda su vida temiendo lo que la gente pueda hacer o comentar de ella. Ocurre que un día, su hermana viene a visitarla y sin la menor intención de herirla, bromea acerca del peso de su hermana. Por ser muy consciente de su figura Lidia inmediatamente se siente ofendida, pero en vez de quedarse callada como normalmente lo haría, reacciona de una manera que toma a su hermana por sorpresa.

Pensando con rapidez, Lidia se pone las manos en las caderas, y haciéndose la indignada, valientemente le dice a su hermana: "Al venir a visitarme te he dado la bienvenida, querida hermana," Lidia agrega bruscamente, "y aun siendo una gorda, por lo menos, tengo la decencia de hacer que tú, mi hermana, te sientas en casa."

Atrapada, fuera de guardia, por la reacción inesperada de Lidia, la hermana se apresura a pedir disculpas por su insensible broma, pero otra vez Lidia sorprende de nuevo a su hermana al reírse de buena gana, ignorando toda disculpa. Sin saber a que atenerse, la hermana de Lidia ahora siente que no tiene otra opción por el resto de su visita que abstenerse de hacer comentarios personales acerca de Lidia.

Lidia ha ganado la batalla, simplemente porque cuando se vio insultada rehusó reaccionar en su forma habitual, y por lo tanto, en vez de entregarse a su miedo, hizo uso de éste para dar chispa a su ingenio. En otras palabras, aunque en el pasado Lidia se hubiese encerrado en sí misma por el temor de pensar que su figura no fuese tan perfecta como lo hubiera deseado, esta vez permitió que su sentimiento negativo al verse molestada le ayudase a devolver el golpe con éxito. En esos momentos de represalia espontánea, la primer arma que tuvo a mano fue su sentido de ingenio, y fue así que utilizándolo logró sacar provecho de una situación adversa.

En otro tipo de ejemplo, vemos que un hombre llamado Guillermo se halla sufriendo de lo que él considera ser depresión, a raíz de que su esposa le ha pedido divorcio. Un día al analizar la situación, Guillermo se da cuenta que su tal llamada depresión es solamente un efecto secundario de un profundo sentido de melancolía. Después de meditarlo, comienza a darse cuenta que su melancolía ha seguido una trayectoria definida a lo largo de su vida, y aparentemente emerge justamente antes de tener que enfrentar algún cambio de importancia.

Habiéndose dado cuenta de esta realidad, Guillermo ahora tiene dos opciones; puede tratar de suprimir su tristeza, o puede entregarse a ella y ver lo que el don del *poder* vaya a otorgarle. Obviamente, no es una tarea fácil para él alejarse de la mujer que ha amado y con la que ha convivido por los últimos diez años, no obstante, sabe que ella nunca le hubiese pedido el divorcio si realmente hubiera querido que el matrimonio perdurase.

Decidiendo dar rienda suelta a su tristeza, Guillermo se expone a enfrentar todas las consecuencias que esto pudiese traer, y para su sorpresa, se da cuenta que el caudal de tristeza que fluye de su corazón barre con todos los sentimientos de haber sido herido por su esposa. En ese momento de claridad, se da cuenta de la verdad. No es que su esposa quiera el divorcio, sino que la verdadera razón yace en que está desesperada necesitando alejarse de los padrones de comportamiento que ha estado sufriendo desde que se casaron. Recordando que su esposa se quejaba continuamente apelando que él había dejado de ser el hombre que desposó, hace que Guillermo llegue a la conclusión que un divorcio no cambiaría en nada la situación. La respuesta estaría en cambiar los padrones de comportamiento causantes de tal cisma en su matrimonio. Sintiéndose regocijado en vez de deprimido, Guillermo decide desde ese momento en adelante luchar por su matrimonio.

Una mujer joven, Cyntia, se dirige a una entrevista de trabajo sintiéndose terriblemente nerviosa y sumamente preocupada ante la posibilidad de no lograr obtener el empleo deseado. Estando consciente de que su preocupación sólo logra ponerla aun más nerviosa, Cyntia decide intentar pensar en otra cosa, así es que imagina qué feliz se sentiría si consiguiese el empleo. Por un breve momento Cyntia experimenta un verdadero sentimiento de satisfacción, y aunque el sentimiento es pasajero, es suficiente para hacerle reconocer que puede enfrentar la entrevista, ya sea tensa y preocupada, o relajada y feliz. Sabiendo perfectamente bien que la preocupación no le ayudará en lo más mínimo, Cyntia se esfuerza en pensar en situaciones placenteras, y cuando se encuentra sentada en la oficina frente a su posible jefe, teniendo su nerviosismo bajo control logra conducirse de forma apacigue y alegre a lo largo de la entrevista. En otras palabras, Cyntia ha usado un sentimiento positivo para controlar su preocupación y nerviosismo negativos.

De los ejemplos puestos en relieve, podremos ahora ver con más claridad cómo se espera que un aprendiz conozca sus emociones y luego aprenda a usarlas para su beneficio. Entendamos, sin embargo, que aunque no sea tan difícil utilizar las emociones, es un factor completamente diferente usarlas conscientemente y con eficiencia. Usar las emociones ventajosamente es una habilidad especializada que solamente se puede adquirir mediante constante práctica junto con la técnica del no-hacer, un procedimiento que trataremos más adelante. El lector, por lo tanto, es urgido a estudiar el no-hacer de acuerdo a lo que ya hemos tratado aquí, con relación al trabajo con emociones. Esta tarea tendrá como objeto, llegar a un entendimiento más profundo con aquella elusiva fuerza denominada *intento,* tema el cuál, trataremos muy frecuentemente en los varios volúmenes a publicar en un futuro cercano. Es de importancia recalcar que el correcto uso de las emociones es un pre -requisito vital para enfrentar con eficacia la técnica de la recapitulación. En el próximo capítulo veremos detalladamente como utilizar la mejor técnica para llevar a cabo el tema a tratar.

El Soñador de la Humanidad

"Todo lo que vemos o parecemos ver,
no es más que un sueño dentro de otro sueño."
Edgar Allan Poe

(Dibujos gráficos: Susan Emily)

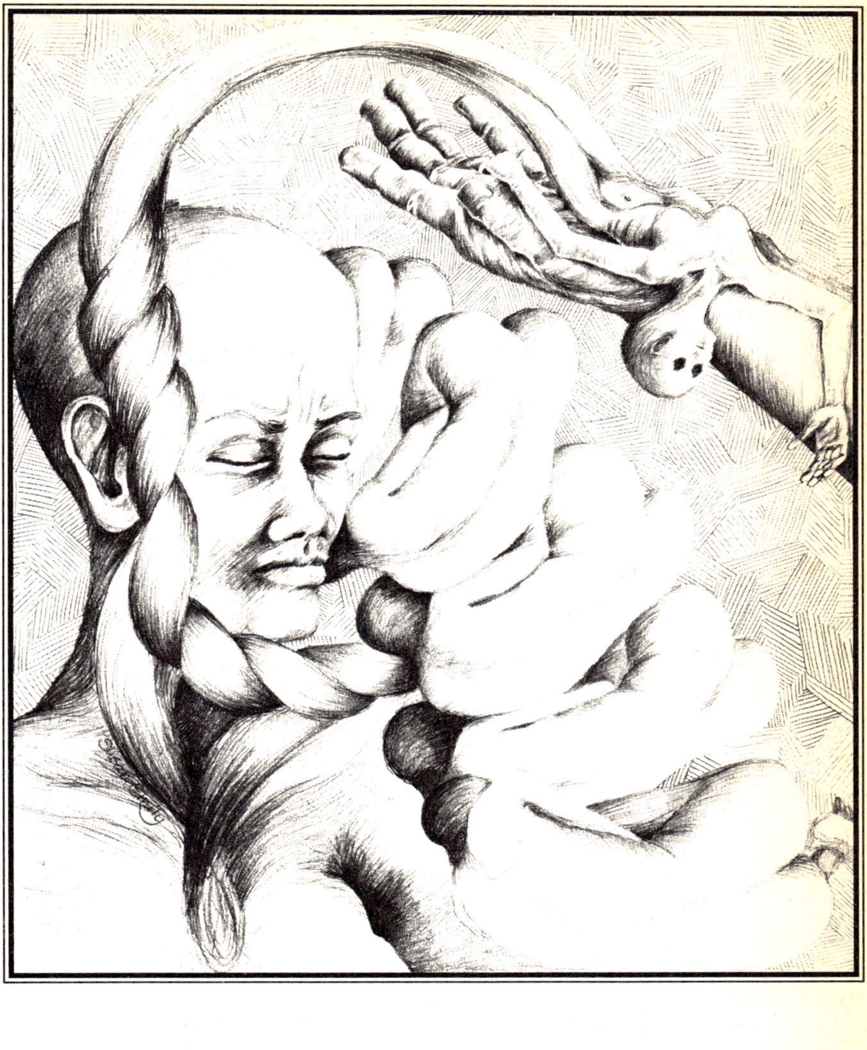

CAPÍTULO VIII

RECAPITULACIÓN

Para entender la técnica de la recapitulación es vital comprender claramente la verdadera naturaleza de la cápsula luminosa del hombre. Esta cápsula, que contiene la fuerza vital, es realmente un campo de energía electromagnético* compuesto de un incalculable número de filamentos de energía. Estos filamentos no son hebras singulares, sino que están compuestos por diminutas fibras de energía. En otras palabras, las fibras de energía están correlacionadas con impulsos electromagnéticos que existen dentro de un espectro unificado llamado campo de energía. Además, la conciencia también es de naturaleza electromagnética, y lo que es llamado el punto de ensambladura, es de hecho, la conciencia inherente de la fuerza vital. Por lo tanto, cuando el punto de ensambladura ilumina un grupo de campos de energía, implica que la conciencia está vibrando en una frecuencia que es compatible con aquellos campos en los que se encuentra centralizada.

Estas fibras de energía surgen como resultado del movimiento, o sea, la interacción entre átomos. Otra forma de expresar este aspecto es definir una fibra de energía como la

** Los Toltecas ven el universo como una manifestación de fenómenos eléctricos que es esencialmente de triple naturaleza. Esta triplicidad se tabula de la siguiente manera:*

Tonal	*Movimento*	*Actividad*	*Manifestación eléctrica de la material*
Soñador	*Color*	*Magnetismo*	*Manifestación eléctrica de la conciencia*
Nagal	*Sonido*	*Vitalidad*	*Manifestación eléctrica de la fuerza vital.*

Los cientificos aun sólo reconocen la manifestación eléctrica de la materia, y solamente descubrirán y entenderán las otras dos formas una vez que tornen su atención al estudio del hombre como ser incorpóreo.

relación electromagnética entre dos átomos. Es por lo tanto obvio que, tales fibras sean extremadamente delicadas y frágiles, y que no se necesite mucho esfuerzo para "dañarlas" de tal manera que se vean desplazadas. Normalmente, dentro de un campo serán sólo unas cuantas fibras las que se desplacen, mientras que el campo en general aparecerá intacto. Pero si se desplazan suficientes fibras, el campo en sí resultará "dañado".

En la vida cotidiana, el hombre pasa su tiempo interactuando emocionalmente en forma constante con el mundo a su alrededor. Esta interacción solamente es posible utilizando como medio la percepción; es decir, la percepción es responsable por las reacciones emocionales de cualquier situación dada. Estas emociones activan ciertos pensamientos, y es precisamente esta interacción entre las respuestas emocionales y los pensamientos, las que determinan las acciones que el hombre llevará a cabo.

Las respuestas emocionales son causadas por impulsos electromagnéticos generados por el acto de la percepción. Se debe recordar que la percepción toma lugar cuando el hombre alinea sus campos de energía con aquéllos exteriores a su cápsula. Esto en efecto significa que, la conciencia del observador pone en funcionamiento los impulsos electromagnéticos primarios, que luego son transferidos al observador vía los campos de energía por medio de impulsos electromagnéticos dados por estos campos. Esta función es similar a la conducción de la electricidad a través del movimiento de electrones. Obviamente, el que es observado percibirá al observador simultáneamente. Cuando los impulsos iniciados por ambos, el observador y el que es observado, se encuentran, se mezclarán e interactuarán para transmitirse en impulsos secundarios. Por medio de los campos de energía, estos impulsos secundarios retornan al observador y al que es observado, ocasionando como resultado lo que el hombre interpreta como emociones.

Normalmente, el proceso involucrado en la percepción no causa daño alguno; pero si estas respuestas emocionales generadas son lo suficientemente poderosas o violentas, algunas de las fibras dentro de los campos de energía podrán ser desplazadas. En otras palabras, o el observador pierde unas fibras que se trasladarán al que es observado, o viceversa, o ambos pueden heredar algunas de las fibras del otro. Cómo sucede exactamente este desplazamiento, es demasiado complejo para explicarlo aquí. Es suficiente expresar que la emoción puede causar que los campos de energía de una persona se vean permanentemente transformados; ya sea perdiendo algo de su fuerza anterior, o contaminándose con la adición de alguna fuerza foránea.

Puesto que el hombre común tiene el punto de ensambladura fijo, éste se limita al uso de sólo un grupo de campos de energía. Por lo tanto, es de esperar que con el transcurso del tiempo los campos de energía que usa se vuelvan cada vez más "raídos" y contaminados. Esta es la explicación técnica de los efectos resultantes del condicionamiento social, y mientras este deterioro continúa, la percepción misma se hace cada vez más impura e inexacta. Por lo tanto, la tarea del aprendiz es la de "purificar" sus campos de energía, primero, erradicando todas aquellas fibras foráneas dentro de su cápsula, y segundo, reclamando las fibras que ha perdido.

Aunque todo esto parezca muy complejo y hasta místico, la propia ciencia ortodoxa no está lejos de entender la unidad de la vida. La vida es esencialmente una red de fuerzas electromagnéticas interrelacionadas, interactivas e interdependientes, y lo que le pueda suceder hasta al componente más diminuto de la red, influenciará la red en su totalidad. Dentro de esta matriz de fuerza hay un continuo fluir de movimiento, mientras que la energía es transferida a lo largo y ancho de las corrientes electromagnéticas formadas por la red. No es el propósito de este libro explicar la relación del hombre con el universo, pero se requiere por lo menos una cierta explicación para entender el concepto de transferencia o desplazamiento de energía.

Lo más aconsejado para hacer en esta ocasión, sería dar una descripción extremadamente simplificada de este proceso. Perder fibras o rescatar fibras, no es lo mismo que tratar con un caso de partículas personales, sino con un factor que se denomina *ajuste.* En otras palabras, cuando un guerrero rescata las fibras perdidas a través de otra persona, no las recupera exactamente de esa persona, sino que extrae las fibras que necesita de la misma red.

Esta acción naturalmente desequilibra la red, y para restaurar su equilibrio, la red reclama estas fibras de la persona que las tomó del guerrero. Lo mismo se aplica cuando el guerrero tiene que rescatar fibras de una persona fallecida, siendo que estas fibras son energía pura y como tales, no están supeditadas ni al tiempo, ni al espacio. De la misma manera, cuando un guerrero expele fibras foráneas, simplemente las descarta a la red, y la red a su vez las restaurará de donde provinieron.

Para lograr esto, el aprendiz debe recapitular cada experiencia que ha tenido, hasta el último detalle posible. Al principio, cuando se enfrenta a esta tarea aparentemente hercúlea, todo aprendiz se siente completamente abrumado, sin embargo, no resulta tan imposible como pueda parece a simple vista. Para que el hombre pueda lograr la máxima evolución de su conciencia como resultado de cualquier experiencia dada, la fuerza vital tiene el hábito de repetir las experiencias en ciclos claramente definidos, y cualquier persona lo suficientemente interesada puede fácilmente rastrear estos ciclos en su propia vida. Es por eso que, la mayoría de las experiencias en la vida de un hombre son solamente "actuaciones repetidas".

A la luz de este hecho, la recapitulación se resume en tener que recapitular enteramente sólo un ciclo de nuestra vida. Los otros ciclos se verán luego como repeticiones y por lo tanto, serán rápidamente asimilados. Esto no implica que la recapitulación sea fácil o rápida, sino que simplemente no es una tarea imposible. Es vital realizar una recapitulación completa hasta finalizarla en el momento del nacimiento, y normalmente toma muchos años de labor constante y diligente. Sin embargo, no es necesario para el aprendiz tener un total recuento de su vida antes de ponerse en marcha por la Senda del Guerrero – cada trozo de recapitulación completado lo ayudará a avanzar, y cada movimiento tiene el efecto de bola de nieve en el que adquiere momentum y poder.

En lo que se refiere al trabajo práctico, es una excelente idea el guardar un diario del trabajo hecho y del conocimiento adquirido. Tal agenda ayudará mucho a cultivar disciplina como también un enfoque ordenado de las enseñanzas. Eventualmente, después que se pasa cierto umbral de entendimiento, estas anotaciones ya no serán necesarias, en cuyo caso normalmente terminarán en algún libro de memorias personales; pero hasta ese momento, sirven un propósito muy valioso. Después de todo, la Senda del Guerrero constituye el viaje más importante y emocionante que una persona pueda emprender; es el viaje de los viajes, y como todos los viajes dignos de mencionar debe ser registrado en una agenda personal.

Al trabajar con esta agenda, todo lo que se relacione con la Senda del Guerrero debe ser registrado en un solo libro, en vez de tener diferentes cuadernos para diferentes aspectos del trabajo. Esto puede parecer al principio un poco caótico, pero tiene la ventaja de realzar las observaciones sutiles y detalles que podrían fácilmente ser ignorados cuando se trabaja con varios libros. Por lo tanto, anota todo en un diario – recapitulación, experiencias, sueños, notas, pensamientos, etcétera. Cuando finalices un diario, comienza otro. Deberías disciplinarte a hacer por lo menos una anotación diaria. Otro buen hábito es ponerle la fecha a esas entradas para futuras referencias cruzadas.

Hay dos tipos de recapitulación: *recapitulación activa,* y espontánea, o *recapitulación pasiva.* En la recapitulación activa, el aprendiz se sienta y cuidadosamente trata de recordar incidentes de su pasado, mientras que en la recapitulación pasiva, un incidente experimentado en el momento engendrará el recuerdo de una experiencia del pasado. Para una óptima utilización del tiempo, se espera que los aprendices se dediquen a ambas formas de recapitulación. En la práctica encontramos que la recapitulación espontánea produce al comienzo resultados más beneficiosos. Por otro lado, la recapitulación activa es a menudo al inicio lenta y laboriosa, pero como tal, es inestimable en el ejercicio del *intento.* Una vez que el *intento* es lo suficientemente fuerte, ambos métodos pueden facilitar la percepción por igual.

Al principio todos los aprendices caen sin querer en la trampa de recordar memorias intelectuales del pasado. Debe subrayarse que esto no es recapitulación, sino simplemente lo que los Toltecas llaman 'teneduría de libros'. Estas memorias intelectuales deben ser utilizadas solamente como guías para recapitular. La verdadera recapitulación significa revivir un evento, como si estuviera sucediendo en el momento preciso. Esto significa tener que recordar y volver a experimentar cada emoción que fue generada por el incidente. Sólo recordando estas emociones se puede revivir completamente el incidente y descifrar lo que sucedió en realidad. Asimismo, solamente cuando sabemos lo que realmente sucedió estaremos en posición de expulsar las fibras foráneas y rescatar las fibras nuestras que fueron perdidas en la experiencia.

LA RECAPITULACIÓN ACTIVA

Para poder iniciar la recapitulación no es importante dónde comencemos, porque de todas maneras necesitamos poder recordar todo. Obviamente, el lugar más lógico desde donde comenzar, será donde tomaron lugar los eventos más significativos de nuestro pasado reciente. Es una buena idea para el aprendiz hacer una lista de los hechos más importantes de su vida que pueda recordar, comenzando por el pasado reciente y volviendo hacia atrás en el tiempo. Eso es lo que se conoce como iniciar la recapitulación activa. Una vez que el aprendiz hace la lista, simplemente toma el primer evento y trata de recordar todo lo que pueda sobre éste. No debe de existir ningún sentido de urgencia, porque cuántos más detalles pueda recordar, más fácil será descubrir las emociones que experimentó en ese tiempo. Al aplicar este concepto, el aprendiz encontrará de lo más útil el viejo dicho – "anda más despacio para avanzar más rápido".

Algunas veces, al aprendiz trabajando bajo la guía de un nagal, se le dará un ejercicio de respiración para acompañar la recapitulación. Tales ejercicios pueden resultar peligrosos si no son supervisados correctamente, en realidad no son esencialmente necesarios para la técnica de recapitulación. La respiración puede ser de ayuda, pero la recapitulación puede resultar igualmente valiosa y aun más segura sin ella. Por esta razón, los ejercicios de respiración son deliberadamente omitidos en este libro para evitar posibles contratiempos.

La mejor forma de entender la técnica de la recapitulación es trabajando por medio de un ejemplo. Un aprendiz bajo la guía de un nagal, trabajará, con la asistencia del maestro, de acuerdo a una experiencia real de vida; pero para conformar con el propósito de este libro trataremos esta vez con un ejemplo hipotético. Consideremos un hombre llamado Pedro, que constantemente se siente culpable porque cree ser un cobarde. En un pasado reciente Pedro pasó por una experiencia en la que sintió que debió haber hecho frente a sus derechos, pero en vez de hacerlo, prefirió permanecer callado y dejar que la enojosa situación pasase sin él actuar en su propia defensa. Reflexionando sobre su vida, Pedro se da cuenta que éste es un viejo y arraigado defecto suyo, especialmente cuando presiente que si lo expresa éste podrá ser confrontado físicamente. Recordando cuando estaba en la escuela, Pedro se da cuenta que siempre ha estado rechazando todo tipo de confrontación física y violenta, hasta el punto de odiar los deportes de contacto físico. Cuando niño, Pedro se vio frecuentemente atormentado al ser llamado cobarde y lamentablemente creció pensando que realmente lo era.

Sin embargo, al reflexionar sobre su vida, Pedro se da cuenta que han habido muchas instancias en las que no se comportó como un cobarde, sino que por lo contrario, actuó con más valentía que cualquier otra persona de su conocimiento. Aquí, encuentra la primera clave, a saber, sólo se comporta como un cobarde cuando presiente que habrá violencia física a su alrededor. Al principio esto lo confunde, puesto que sabe que no es débil, y aunque no es un hombre grande, es extremadamente fuerte para su tamaño.

Reflexionando más profundamente acerca de su problema, Pedro recuerda que cuando era niño se burlaban de él, se indignaba de rabia, pero también temblaba de miedo de ser herido físicamente. Este mismo miedo era el causante de hacerlo huir del lugar cuando se ocasionaba alguna pelea, para luego arrepentirse amargamente de haberlo hecho. Esto se convirtió en un continuo hábito durante su niñez, y al reflexionar, se da cuenta que este hábito nunca le dio tregua.

Al intentar la recapitulación, Pedro recuerda un incidente que sucedió años atrás. En esta ocasión se hallaba trabajando en su cochera cuando un gato callejero, perseguido por el perro del vecino entró al garaje y se metió en la gaveta abierta de un armario. Cuando el perro se hubo ido, Pedro intentó sacar el gato de la gaveta, pero el gato se negó a salir. Aunque siempre había amado a los animales, la negativa del gato al no querer salir, lo enfureció en gran forma. Sin pensarlo siquiera, empezó a gritar y a maldecir al gato, a todo esto el gato no parecía querer salir en su escondrijo, esto hizo que Pedro perdiera sus estribos.

Sintiéndose furioso, tomó un diario, lo arrolló y lo encendió, tirándolo a la gaveta en llamas intentando asustar al gato para que saliera de su escondite. No obstante, el gato no se movió, y fue así que después de pisotear el periódico para apagarlo, Pedro arrancó furiosamente la gaveta del armario en una explosión de rabia. Acorralado en una esquina de la gaveta estaba el gato, con los ojos llenos de terror y con sus bigotes quemados por las llamas. Viendo el gato en ese estado, se conmovió y su rabia se disipó instantáneamente dejándolo horrorizado y avergonzado de sí mismo por lo que había hecho. Se dio cuenta que el gato no estaba herido, pero sí, tremendamente aterrorizado. Mirando en los ojos del animal petrificado, Pedro experimentó un arrepentimiento desbastador y un profundo sentimiento de lástima por el animal.

Lo acontecido en ese día lo persiguió por meses. Cada vez que se acordaba del incidente, experimentaba sentimientos de culpa y vergüenza. De alguna forma esto le confirmó a Pedro lo cobarde que realmente era, puesto que no sabía salvaguardar sus derechos frente a personas, pero en cambio sabía desatar toda su rabia contra un animal asustado e indefenso.

Durante el proceso de intentar recapitulación, otra experiencia salta en su memoria. Pedro recuerda ahora otra experiencia que sucedió en su trabajo, un tiempo después de lo ocurrido con el gato. Esa mañana en particular, su jefe decidió dictar una nueva disposición de penalización dirigida a trabajadores que llegasen tarde al trabajo. Sucedió que a la hora del almuerzo, Pedro tuvo que ir rápidamente a comprar una pintura que necesitaba, pero al regresar a su oficina, se retrasó por causa del tráfico y consecuentemente llegó unos minutos más tarde. Como era de suponer, su jefe le estaba esperando, y cuando se cruzaron, éste no pudo contener su tremendo enojo al verlo llegar tarde.

Al principio Pedro se quedó muy quieto, paralizado, mientras que el jefe gritaba su enfado como un lunático. Entonces Pedro experimentó una enorme ira, causándole una extraña vibración en sus oídos y un temblor en sus manos.

Durante la confrontación, su jefe se encontraba de espaldas a un espejo de cuerpo entero, Pedro viendo la espalda de este hombre reflejada en el espejo, experimenta un pensamiento lleno de furia centellando por su mente. En ese instante, toma la decisión de poner al jefe en su lugar, y mientras el pensamiento tomaba forma en su mente, siente una agitada actividad de adrenalina instigando su cuerpo. Enfurecido sin control, estaba ya dispuesto a cometer un crimen, y no tenía otro deseo más, que el de estrellar la cabeza de su jefe contra el espejo. En su ciega furia visualizaba ya el espejo destrozado en pedazos, con las puntas afiladas manchadas con la sangre de su jefe.

Afortunadamente para Pedro, un colega que estaba a su lado debió haber percibido su intención, ya que puso una mano en su hombro, refrenándolo. Milagrosamente, el contacto con su colega le hizo volver a sus cabales, disipando así toda su ira. Miró a su jefe con una mirada llena de agresividad, se dio media vuelta y se marchó.

Por varios días, Pedro quedó sorprendido de sí mismo ante su reacción frente al jefe. Su furia, al haber tenido que ser la víctima de los gritos de éste y su consecuente deseo de venganza, habían tomado una forma desproporcionada, especialmente también se sentía culpable de haber llegado tarde al trabajo. Aunque no podía determinarlo claramente, de alguna forma sabía que esta incidencia, así como lo acontecido con el gato, tenían algo que ver con sus intentos de recapitular.

Al día siguiente, recuerda otra disputa que ocurrió entre él y uno de sus primos, cuando ambos tenían cinco años de edad.

Estaban jugando bajo un árbol donde Pedro había construido una choza de ramas y palos. Cuando la choza estuvo terminada, Pedro que estaba a punto de meterse en ella sintió el empujón de su primo tirándolo a un lado para meterse antes que él. Como la choza era demasiado pequeña para acomodar a los dos niños a la vez, Pedro intentó de persuadir a su primo para que saliera pues era su turno para entrar en ella. El primo, que tenía deseos de juguetear, no cedió. De repente Pedro se enfureció, y asiendo de un brazo a su primo intentó sacarlo afuera. Pedro tiró con toda su fuerza, poniéndose cada vez más agresivo, pero cuando se dio cuenta que el niño no iba a ceder, le mordió agresivamente el brazo.

El primo salió corriendo de la choza gritando y gimiendo a todo pulmón. Esta fue la primera vez que Pedro sintió la necesidad de salvaguardar por sus derechos, y también la primera vez que se vio envuelto en una confrontación física. Aun continuaba horrorizado por la reacción de su primo, cuando se percató de lo que había hecho. Sin otra escapatoria, Pedro se metió en la choza, sintiéndose confundido, incierto, y ciertamente muy culpable.

Minutos más tarde su madre sorprendida por tanta conmoción cuando vio la marca que los dientes de Pedro habían dejado en el brazo de su primo, tirando del brazo, sacó a Pedro arrastrándolo de la choza. En este momento él reaccionó y se dio cuenta que se había comportado pésimamente. Para empeorar las cosas, también se percató que sus acciones habían enojado a su madre. Hasta ese desafortunado momento, cuando se sentía inseguro e incierto, siempre había podido contar con refugiarse en ella, pero ahora ya no tenía adónde ir.

Allí, enfrente de su primo, su madre le dio una gran paliza. Al memorizar este incidente, Pedro puede recordar claramente cada detalle de este episodio, y revive el evento completo con todos sus detalles. Entonces experimenta nuevamente el choque, el miedo y el dolor de ser golpeado, el horror de lo que había hecho, y sobre todo, el dolor emocional causado por la ira de su madre. La experiencia dejó a Pedro con un sentimiento de profunda vergüenza y confusión.

Continuando con su recapitulación, Pedro se da cuenta que desde ese día en adelante trató desesperadamente de evitar toda confrontación, pero continuaba sin haber sido capaz de deshacerse del sentimiento de haber traicionado el amor de su madre. Continuó sintiéndose inexorablemente avergonzado y culpándose a sí mismo por lo que había hecho. Durante los años siguientes, recordando a menudo la violencia que su temperamento podía adquirir, no pudo menos que llegar a temerle; porque éste fue el defecto que le hizo perder lo que más apreciaba: la confianza que su madre había depositado en él. Este fue el comienzo de una etapa donde iba a tratar de suprimir toda agresión que sintiese, por el sólo hecho de temer las terribles consecuencias que tal agresividad podría acarrearle. Desde entonces Pedro prefirió someterse a ser tímido. Esto, por supuesto, le causó sufrir interminables burlas, pero en su mente de niño, esto era como un castigo justificado por haber traicionado el amor de su madre.

Continuó así castigándose durante una gran parte de su vida, y fue exactamente en el momento que recapituló este incidente que finalmente entendió su aparente cobardía. Percatándose de lo que realmente sucedió ese día con su primo, Pedro ahora, está en posición de rectificar la situación. Se hace notar que, el trabajo que resta por hacer, de aquí en adelante, no corre ninguna prisa, porque cualquier detalle accidental puede llegar a constituir un punto de gran importancia en la vida de toda persona. Por medio de la interrelación que existe con el todo, hasta un incidente aparentemente insignificante repercutirá con efectos en cadena dejando su marca indeleble en cada aspecto de nuestra vida.

Antes de ver cómo Pedro debe rectificar su conducta, observemos cómo una recapitulación espontánea pudo haberse ocasionado.

LA RECAPITULACIÓN ESPONTÁNEA

Ya conocemos el problema de Pedro, y vemos que tiene un bloqueo mental al intentar recordar cuál pudo haber sido la razón que le obligó a creerse un cobarde. Esto sucede frecuentemente al hacer recapitulación, especialmente cuando el origen del incidente ha sido lo suficientemente traumático. Un niño, especialmente, bloqueará a menudo recuerdos de experiencias traumáticas al mover espontáneamente, después de un incidente su punto de ensambladura. Cuando esto sucede, el niño no podrá recordar el incidente más adelante, y la memoria se hará cada vez más difícil de tener acceso después de alcanzar la edad adulta.

Pedro ya ha revivido las experiencias pasadas, tanto con su jefe como con el gato, pero todavía no logra recordar qué es lo que produjo su aparente cobardía. Hasta que en una ocasión va de visita a la casa de unos amigos que tienen dos niños pequeños. Mientras conversa con sus amigos en el patio donde los niños juegan, Pedro logra ver justo el momento en que el niño pequeño da a su hermano un mordiscón feroz en el brazo. Mientras el niño herido llora y da gritos, Pedro siente como si su memoria hubiese sufrido una sacudida, e inesperadamente salen de ésta recuerdos claros y gráficos de cada detalle del día en que él mordió a su primo.

Este es un ejemplo de la forma típica en que sucede la recapitulación espontánea. Sin embargo, no siempre requiere que uno presencie una escena. Algunas veces, simplemente se puede activar la memoria al oír la experiencia de otra persona. En otras ocasiones, una palabra será suficiente. Otras veces la persona involucrada tendrá que pasar por un escenario casi idéntico antes de poder recordar su historia. El hecho que prevalece es que de alguna forma u otra siempre podemos revivir nuestros recuerdos, puesto que nada se olvida realmente. La pérdida aparente de memoria se debe a un bloqueo mental, o a un leve movimiento del punto de ensambladura. Usando las técnicas de recapitulación podemos, si así lo deseamos, recordar cada detalle de nuestra vida pasada.

Ahora que Pedro ha recordado el incidente con su primo, veamos cuál será su proceso a seguir. La primera cosa que Pedro debe hacer es, reconocer en forma global, todos los efectos que ese altercado tuvo en su vida como experiencia. A este respecto observaremos unos pocos ejemplos, pero en la práctica es esencial que se estudie cada efecto o hecho, y que se trate de analizar. Por esta razón es buena idea hacer una lista.

Al hacer una lista de los efectos, Pedro se da cuenta lo profundamente traumado que se quedó con la experiencia vivida con su primo. Primero, fue la ira y la frustración, seguidas de la conmoción que sintió ante el hecho de haberse comportado tan mal. A este hecho se le sumó la reacción de su madre, su disgusto e ira hacia el hijo, que terminó con una paliza. Finalmente se debe considerar también la confusión de Pedro, y su sentimiento de vergüenza y culpa, pero sobre todo el profundo sentimiento de haber traicionado la confianza que su madre había depositado en él.

Ese día, Pedro perdió muchas de las fibras que le deban confianza al luchar sus propias batallas, y en su lugar heredó de su madre aquellas fibras que marcaron profundamente en su mente lo ruin que significa el pelear. También aquí perdió muchas de las fibras que le daban confianza para expresar su ira, y por amor a su madre, había tomado de ella fibras de timidez en un intento para compensar sus propias malas acciones.

Antes de ese desafortunado día, Pedro nunca había conocido lo que era estar apenado, pero a raíz de las reacciones de su primo, Pedro heredó de él fibras que le dejaron un profundo sentimiento de vergüenza. Además, debido a la reacción de su madre, Pedro también heredó de ella fibras que le produjeron el sentimiento de culpa por lo que él había hecho.

En el medio de toda esa conmoción, Pedro perdió la aptitud de distinguir el bien del mal, al haber dado a su primo y a su madre, algunas de las fibras que le permitían hacerlo. En su confusión, olvidó totalmente que había sido maltratado por su primo, y consecuentemente había heredado de él fibras que le causaron culparse a sí mismo por maldades que otra persona había cometido contra él. Pedro también tomó de su madre fibras que lo hicieron sentirse completamente avergonzado al haber traicionado su amor hacia ella. Por primera vez en su joven vida, Pedro conoció el significado de ser un traidor, y así, en su amor por su madre, intentó compensar su situación, tomando fibras de ella que finalmente contribuyó a desatar una sarta de demandas destructivas de castigo sobre sí mismo.

Esto nos da una idea del intercambio de fibras que tuvo lugar ese día y como Pedro sufrió los efectos que le iban a producir cicatrices por el resto de su vida. Una de las peores consecuencias acaecidas en ese entonces fue la decisión inconsciente de suprimir su agresión. Los efectos enfermizos producidos por tal supresión ya han sido tratados anteriormente en este libro, pero para Pedro tuvieron adicionales efectos secundarios.

El más prevaleciente de estos efectos secundarios constituyó el sentimiento de Pedro de creer ser un cobarde. Habiendo sido constantemente tildado de cobarde aun mismo en broma, empezó a evitar gradualmente cualquier tipo de confrontaciones, incluso las burlas, hasta que eventualmente él mismo creyó en su propia cobardía. Sintiéndose miserable y asustado ante posibles confrontaciones, Pedro se convirtió en un muchacho tímido, introvertido y solitario. Totalmente carente de confianza propia, este pobre hombre se hizo cada vez más inseguro en presencia de la gente, hasta que finalmente sólo se sentía confiado cuando lo dejaban jugar o trabajar calladamente en compañía de su soledad.

Después de recapitular este incidente, Pedro se da cuenta de lo que verdaderamente sucedió durante las experiencias que tuvo con el gato y con su jefe. En ambas ocasiones había llegado muy cerca de recordar el incidente con su primo. La forma en que el gato corrió a la cochera, golpeó la gaveta y después rehusó salir, había sacudido la memoria de Pedro de cuando su primo había invadido su choza. De la misma manera, cuando el jefe de Pedro le gritó por haber llegado tarde al trabajo, había experimentado la furia violenta de ser intimidado, y en ese momento años de agresión suprimida repentinamente emergieron y Pedro vio en su jefe, un símbolo de toda la burla que había soportado durante su niñez.

Ahora que Pedro sabe dónde se originaron sus sentimientos de cobardía, llega a la realización de que en realidad nunca ha sido un cobarde. Al contrario, tuvo que tener mucha valentía para soportar las interminables burlas, utilizando cada gramo de su control para no rendirse a sus agresiones suprimidas. Una vez que tal revelación haya tomado lugar, el proceso entero comienza a revertirse. Lo único que le queda a Pedro por hacer es sistemáticamente rechazar las fibras foráneas existentes en su cápsula, y rescatar las que ha perdido. Esto lo logrará por medio de la técnica del no-hacer.

LA LOCURA CONTROLADA

¿Qué controla tu locura – es tu propio destino, o tu condicionamiento social?

(Ilustraciones gráficas por Susan Emily)

CAPÍTULO IX

EL NO-HACER Y EL ACECHO

La técnica del no-hacer es idéntica a la del acecho, porque el no-hacer es el arte de acecharse a uno mismo, en vez de acechar a otra persona. Ambas técnicas son definidas como *un acto calculado diseñado para poder manipular*. Al aprender a liberarse de las restricciones del condicionamiento social, un aprendiz debe aprender a acecharse a sí mismo y a aquéllos a su alrededor. En este respecto, acechar a otros puede ser visto como inmoral, pero en realidad, desde temprana edad, todo hombre, mujer o niño aprende muy rápidamente a manipular el mundo a su alrededor, y continuará haciéndolo durante el resto de su vida. El hecho de que todo el mundo practique la manipulación no llega a justificarla, pero si uno mira al acecho cuidadosamente, la diferencia entre éste y la manipulación común se hace obvia.

Como la manipulación es comúnmente practicada, no debe de ser condenada, ni tampoco debe condenarse a quienes participen en ella. Cuando un hombre manipula a otro para imponer su voluntad o para hacerle concordar con su punto de vista, está literalmente forzando su voluntad sobre su víctima. Forzar la voluntad sobre otro ser, por la razón que sea, es un acto de magia negra y es equivalente a una violación, ya sea física, emocional o mental. La gente viola constantemente a aquéllos a su alrededor, y en su ignorancia se siente orgullosa de sus actos. Observaremos a continuación, dos ejemplos diferentes que nos aclararán mejor este punto.

Consideremos un hombre que tiene un empleado llamado Juan. Juan es joven y muy entusiasta de su trabajo. Reconociendo este entusiasmo, su jefe constantemente asegura a Juan que si continúa trabajando con tanto ímpetu puede esperar un brillante futuro en la compañía. En su entusiasmo, Juan trabaja más arduamente, dedicando aun más tiempo a su labor. Muy pronto se le observa redoblando el esfuerzo que su tarea realmente exige, su entusiasmo es tan grande que parece no importarle ningún sacrificio. No transcurrido mucho tiempo, Juan recibe un aumento de salario y una promoción. Emocionado por los resultados de sus esfuerzos, sigue trabajando cada vez con más energía, y después de otro aumento de salario, queda rebosante de satisfacción. De ahí en adelante, Juan pasa aún más tiempo trabajando, incluso durante los fines de semana. Como resultado, ya no cuenta con el tiempo para disfrutar con sus amigos, o simplemente relajarse en el hogar. De hecho, ya no tiene un momento libre, por estar tan ensimismado en su trabajo.

Ciertamente, Juan se encuentra feliz, como también así su jefe. Éste nunca antes había tenido un trabajador tan diligente; y para Juan, su jefe constituye el ser más justo y apreciativo que pudo haber imaginado. En la superficie todo parece relativamente honesto y justo. Juan continúa dedicando toda su energía y tiempo a su trabajo. Eventualmente es ascendido a la posición de subdirector, por lo tanto, recompensado con un alto salario, beneficios y un automóvil de la empresa. Para resumir, Juan se considera asimismo una persona con mucho éxito.

Sin embargo, debajo de este éxito yace una horrenda verdad. Ésta es que el jefe de Juan lo ha estado explotando, aprovechando de su dedicación, hasta que el entusiasmo natural de Juan se hubo convertido en una incesante avaricia en busca de éxito. Al final Juan, se queda sin otro interés que el de su trabajo, su propia codicia y la de su jefe que lo ha convertido en nada más que en una máquina de hacer dinero. Ya dejó de ser el joven entusiasta y librepensador que acostumbraba ser entonces; ahora se ha convertido en un hombre firmemente adicto a su trabajo, de la misma forma que se puede ser adicto al alcohol o a las drogas. Juan fue seducido con promesas de gloria, para luego ser violado mentalmente. Su propia ignorancia le condujo a caer en esta triste situación, más aun, le hizo creer que debía agradecimiento a su jefe por los méritos y éxitos que había obtenido a través de él.

Veamos el caso de una joven llamada Janet, que ha vivido sola con su madre desde que su padre murió a raíz de un accidente.

Janet siempre ha sido una buena estudiante e hija, trabajando asiduamente en la escuela y ayudando a su madre en cuanto pudo con la manutención de su pequeño hogar. Después de que la joven completó su educación, decidió estudiar diseño de modas, pero su madre se mostró contraria a la idea. Esta buena señora se mantuvo muy firme en su negativa, apelando que la única razón por la cual había trabajado tan duro después de la muerte de su esposo fue para que Janet pudiera cursar estudios en la universidad y seguir una profesión que valiese la pena.

La madre de Janet quería que su hija estudiase medicina, y aunque la muchacha no tenía interés en esta materia, tampoco deseaba desilusionar a su madre. Janet siendo una persona sensible, estaba completamente consciente de lo mucho que su madre había trabajado, especialmente luego de la muerte de su padre. Ahora su madre estaba utilizando su sacrificio como palanca para inculcar en Janet sentimientos de culpa. Al final, Janet cedió y completó sus cursos en la universidad, a pedido de su madre, hasta calificarse como médico.

La madre de Janet nunca deja de recordarle que gracias a ella, ha logrado triunfar en la vida. Influencia por su madre y en un intento de mostrar su gratitud por todo lo que había hecho por ella, Janet compra una bella casa para compartirla juntas. Realmente no se siente feliz con su trabajo, pero guiada por su buena naturaleza trata de seguir adelante y trabajar con ahínco en su nueva profesión. Su madre, por otro lado, amparándose bajo el éxito de su hija, encuentra ahora la oportunidad de relajarse en casa después de una difícil vida. El condicionamiento social ha hecho que Janet crea que éste sea su verdadero destino, pero la triste verdad es que ha sido mentalmente violada por su propia madre, habiéndose dejado caer víctima de un proceso gradual, pero eminente.

Es claro ver a través de los dos anteriores ejemplos, como la gente permite ser manipulada y, como debido al condicionamiento social siempre existen personas que incautamente se sienten felices de complacer a aquéllos a su alrededor aunque esto signifique sacrificar su propia voluntad. Este no es el tipo de manipulación que un guerrero se atrevería a utilizar. Tales actos de violencia psicológica son aborrecibles para el hombre que cree en la libertad. El acecho es diferente de la manipulación común, por la simple razón de que el acecho lleva hacia la libertad, mientras que la manipulación conduce a la esclavitud.

Cuando un guerrero acecha a otro ser, admitamos, es manipulación; no obstante es un acto diseñado para traer libertad no sólo al guerrero, sino que también al ser al que acecha. Los ejemplos de León y Lidia, en el Capítulo VII, constituyen ilustraciones de ambos, del acecho y del no-hacer. Al no permitirse reaccionar en sus formas habituales, León y Lidia practicaron un curso de acción calculado, que es denominado el no-hacer. Como resultado de haber hecho aplicación de estas acciones calculadas, lograron dar una lección a sus contrincantes sobre la forma correcta de cómo comportarse ante sus semejantes. Al final, todos, León, Lidia, y los contrincantes de ambos, terminaron beneficiándose, demostrando así, la interdependencia que enlaza los seres y las cosas. Sin embargo, como será enfatizado más adelante en este capítulo, un guerrero nunca usa el acecho para ganar ventaja inmerecida, y nunca asume dar una lección a nadie, a menos que esta persona haya sido deliberadamente causante de algún daño.

EL NO-HACER

Entender el concepto del no-hacer es relativamente fácil, pero ponerlo en práctica requiere una cierta pericia que sólo puede ser adquirida por medio de una disciplina constante. Básicamente, el no-hacer requiere que uno esté completa y constantemente alerta, mientras que uno va observando cuidadosamente las reacciones emocionales de uno mismo. Esta vigilancia constante inculca en el practicante un sentimiento de *desapego* que le otorga el "espacio" necesario para poder lograr ser completamente objetivo. Es un hecho bien conocido que siendo observadores objetivos se podrá ver más claramente una situación, que estando involucrados personalmente en ella. La práctica del no-hacer permite al guerrero tornarse en un testigo objetivo, aún cuando éste se encuentre profundamente involucrado.

El guerrero no sólo debe estar totalmente alerta y permanecer objetivo, sino que también debe de hacer uso de las emociones que experimenta en el momento, con el fin de dar rienda suelta a sus acciones. Esto es importante porque sus acciones resultarán reflexivas y rápidas, y contendrán esa espontaneidad que les otorgará un efecto de impacto y de vitalidad. Es simplemente imposible practicar el no-hacer cuando andamos semidormidos.

El no-hacer es *el acto de actuar un papel escogido en el momento*, y como nunca se sabe qué nos traerá el siguiente momento, tal actuación requerirá la habilidad de *saber improvisar*. Al principio resultará algo difícil, pero al practicársele se complementará con el mérito de desarrollar el propio entendimiento, que sirve para lograr anticipar el efecto que las reacciones emocionales puedan acarrear. El principal propósito de la técnica de recapitulación es el de llegar a conocerse a sí mismo. Obviamente, cuánto mejor nos conozcamos, mejor podremos anticipar las reacciones, y por lo tanto el no-hacer se hará cada vez más fácil, ¡aparte del hecho que es de lo más divertido!

En el no-hacer nos vemos obligados a deliberadamente actuar un papel que es diametralmente opuesto a nuestro comportamiento habitual. Por lo tanto, un aprendiz que carezca de confianza practicará el no-hacer actuando como un hombre que está en total control de su persona. El aprendiz está completa mente consciente de que está representando un papel, y si actúa el papel adecuadamente, logrará convencer a aquéllos a su alrededor que realmente él es un hombre con seguridad en sí mismo. La reacción de sus espectadores al notar los efectos del no – hacer lo irá alentado a creer en su habilidad de actuar el papel escogido.

Al principio, no se observará ningún cambio, pero si el aprendiz actúa constantemente como un hombre confiado, lento, pero seguro, continuará adquiriendo confianza es su *habilidad de actuar* como tal. Una vez que el proceso se vea iniciado, el aprendiz continuará adquiriendo confianza y seguridad en el papel escogido hasta que finalmente comenzará a *vivir* su papel. Al vivir su papel el aprendiz empezará a sentirse paulatinamente como *invadido* por el carácter que trata de imitar, y sin darse cuenta de la transformación, un día se llegará a la realización de que se ha tornado en un hombre con plena confianza en sí mismo. La falta de auto confianza en el pasado, se convertirá en un epítome de seguridad.

Los juego que jugamos a solas, o con otros, son de mucha importancia porque, aunque el hombre en general no está consciente de este factor, éstos son juegos de *poder* alimentados por el *intento*. Cualquier juego que juguemos comienza como tal, pero si lo jugamos por suficiente tiempo, termina transformándose en una realidad. El no-hacer es el juego del guerrero; un tipo de solitario psicológico en el que él juega consigo mismo. Esto es lo que se conoce como *acecharse a uno mismo*. Al jugar, el no-hacer del guerrero le otorga la habilidad de recuperar las fibras que ha perdido y de expulsar aquellas ajenas a su cápsula.

No obstante, éste no es el último de los beneficios y efectos del no-hacer. Al practicar el no-hacer el guerrero también sabe que está lenta, pero indefectiblemente aflojando su punto de ensambladura y moviéndolo fracción por fracción. Utilizaremos una analogía gráfica para ayudar a aclarar. Si el punto de ensambladura es como una tuerca oxidada en el tornillo de nuestros viejos hábitos, el no-hacer es como un aceite muy penetrante, y nuestro motivo para practicar el no-hacer es como la llave con que intentamos aflojar la tuerca. ¡Lo que llamamos el motivo no es, ni más ni menos, que el intento! Con el tiempo, el no-hacer saturará y aflojará el óxido del condicionamiento social, y nuestro constante esfuerzo por aflojar la tuerca fortalecerá el *intento* hasta que seamos lo suficientemente fuertes como para llegar a moverla.

EL ACECHO

Ya hemos cubierto la mayor parte de lo que necesitamos saber acerca del arte de acecharse a uno mismo, pero al acechar a otros, existen varios otros puntos que aun deben de ser considerados. Primeramente, debe entenderse que la única justificación para acechar a otros es para obtener su cooperación. Ningún guerrero de verdad que camine la Senda de la Libertad usará el acecho para forzar a otro ser a obedecer sus órdenes. ¡Nunca! Un guerrero usa el acecho solamente para ganar la ventaja necesaria. Enfatizamos que, se considera un abuso usar tal ventaja para conducir un acto cuya finalidad sea egotista. Por ejemplo, antes de que un cirujano opere, éste debe de anestesiar al paciente. Un cirujano que se aprovecha del paciente anestesiado ha aprovechado de su posición y no es digno de su profesión. Lo mismo se aplica al acecho. El guerrero que ha dominado el arte del acecho no lo usa para obtener de la gente ventajas inmerecidas.

El guerrero usará el acecho por dos razones; primero, para impedir que otra persona lo manipule, en cuyo caso es defensa propia; y segundo, para ayudar a una persona que de otra manera no hubiese sido capaz de darse cuenta que necesita ayuda. Sin embargo, no debe olvidarse que el guerrero no decide unilateralmente quién necesita ser ayudado porque esto, como ya ha sido explicado, sería interferir con el destino de otra persona. Los ejemplos de León y Lidia prueban este punto. León no fue el que decidió que su vecino necesitase ayuda, pero como el vecino tiró desperdicios en el jardín de León, éste fue forzado a actuar. Sucedió lo mismo con Lidia, las acciones de Lidia fueron exclusivamente infligidas por su hermana, y no porque Lidia quisiese imponer su voluntad sobre ella. En ambos casos se ha demostrado como los hechos se ven afectandos por la interacción de la vida.

Debemos recordar que para acechar a otra persona, existen dos requisitos en el no-hacer que hay que tener en cuenta; el de estar totalmente alerta y el de permanecer objetivo. Es imposible acechar a alguien cuando uno está atrapado en una situación en un momento determinado. Un acechador siempre tiene la mejor mano, porque está desapegado de la situación, y por estar completamente en control de sus emociones. Estas dos ventajas, permitirán al guerrero manejar la situación en cualquier dirección que escoja. Esto juega en beneficio del acechador, porque siempre puede manipular a su oponente a entrar en algún estado mental para así activar una respuesta emocional adecuada. Una vez logrado el efecto, el acechador sólo tiene que guiar a su oponente en la dirección que desee.

El arte del acecho no más que una mera actuación. Por lo tanto, si el acechador desea triunfar, obviamente no puede dejar que su oponente sepa que lo está acechando. El acechador adoptará a menudo un papel muy conspicuo fácilmente reconocido, pero al mismo tiempo escondiendo sus verdaderos motivos. Tal papel permitirá al acechador trazar un plan de acción, y si el oponente resulta ser desconocido, se las arreglará para obtener el tiempo necesario para estudiarlo debidamente. Para mejor comprensión, como es usual, veamos un ejemplo.

Pablo ha sido invitado a cenar en casa de unos amigos. Cuando llega a la reunión, nota que la atmósfera está un poco tensa debido a la presencia de un huésped no invitado llamado Marco. Marco determinado a dominar la conversación no hace más que tratar de forzar incesantemente sus creencias espirituales en todos los presentes. Después de haber sido presentado, Pablo se sienta calladamente a observar la situación, y en unos pocos minutos ha catalogado a Marco como realmente es. Desde ese momento en adelante, Pablo se dedicará a tender su estrategia brindando a Marco su total atención. Marco deleitado de que Pablo se muestre tan interesado en su conversación, prontamente se prepara para convertirlo a su fe.

Pablo aparenta estar completamente fascinado y escucha con entera concentración. Ocasionalmente interrumpe a Marco para pedir más detalles acerca de algo que Marco ha dicho, sin darse cuenta éste que está siendo acechado, Marco, muy complacido, amplía su declaración anterior. Lo que Pablo está tramando, es darle a Marco suficiente cuerda para que el mismo se lleve la soga al cuello, y cuando Pablo considere que ha llegado el momento propicio, empezará, literalmente hablando, a halar con fuerza del otro extremo de la cuerda tendida. A continuacion es cómo la conversación pudo haber tomado lugar.

Marco ha estado hablando acerca de la importancia de la noción de que nuestras almas han sido redimidas, este punto hizo a Pablo preguntar si Marco pudiese explicar qué significaba eso. Marco le complació lanzando una descripción completa de lo que sucede después de la muerte y los beneficios de ir al cielo en vez de marchar al infierno. Pablo luego le pregunta si es posible que todos los hombres fueran al cielo, y Marco contesta que, estrictamente hablando, y de acuerdo con la Biblia, sólo aquéllos que han sido escogidos por Dios pueden alcanzar el cielo. Pablo entonces le pregunta a Marco si él pensaba que si alguno de los que estaban reunidos en el salón podía posiblemente estar entre los pocos elegidos. Al llegar a este punto Marco titubeó, y después contestó que él no podía dar una contestación a esa pregunta, y que de todas maneras, era la obligación de todo hombre vivir como un buen Cristiano. Pablo le preguntó si solamente los Cristianos podían ser los escogidos para la salvación, y Marco no vaciló en afirmar que así era.

En este punto, Pablo hizo una digresión e invitó a Marco a explicar que era lo que Cristo realmente había enseñado. Marco sintiéndose plenamente feliz en su elemento, comenzó a narrar a todos los invitados, la vida del carpintero Nazareno que enseñó a la gente que deberían amarse los unos a los otros, como ellos se amaban a sí mismos. A esto Pablo agregó que Cristo también nos enseñó a no juzgar a nuestro prójimo, a menos que nos juzguemos antes a nosotros mismos. Marco concordó de buena gana con esta afirmación, y al hacerlo, inadvertidamente se puso él mismo la soga alrededor de su propio cuello.

Pablo fijó su mirada en Marco y le preguntó por qué estaba intentando convertir a todos los invitados al Cristianismo. Antes de que Marco pudiese responder, Pablo le recalca dos hechos importantes. Primero, que si sólo aquéllos pocos que habían sido escogidos por Dios podían ir al cielo, entonces resultaría una mentira brutal prometer salvación a todas las personas en general, sin saber si podrán aceptadas por Él previamente. Segundo, si Marco atestigua que no se debe juzgar a otros, entonces, él no tiene derecho a inferir que aquéllos presentes en la casa no sean buenos cristianos, más aun, que no estuviesen dentro de los pocos escogidos.

Marco cayó en la trampa a raíz de sus propias palabras y, sin que Pablo tuviese que atacar su fe, supo colocar a Marco en el lugar que le correspondía. En otras palabras, Pablo no le hizo daño alguno a Marco, pero tampoco permitió que éste le hiciera daño a él, o a cualquier otra persona en el salón. Es más, Marco tomará en el futuro más cuidado al dar su próximo sermón, y sin duda alguna, aprenderá a tratar con más cautela aquello que dice ser su credo. A todo esto Marco, terminó su oratoria sintiéndose intimidado y humillado ante las contra movidas de Pablo, sin embargo, a través de su aptitud, Pablo contribuyó con ayudarle a reconocer la futilidad de tratar de forzar las ideas propias en otras personas. Tal es la firma del verdadero acechador.

Si las enseñanzas preliminares impartidas aquí son estudiadas y aplicadas, serán suficientes para dar al lector una amplia base a desarrollar, debiéndose recordar que, tanto el acecho, como el no-hacer, al ser artes muy complejas exigirán intensa práctica. Nos queda por tratar el tema final que necesita ser explicado aun, y que se denomina, el *desapego*. Este fue mencionado brevemente al principio de esta sección.

El desapego, en el sentido verdadero de la palabra, no se podrá lograr a menos que tratemos a aquéllos con quienes nos relacionamos, como *espejos* de nosotros mismos. Es vital recordar que no podemos percibir algo que no esté localizado dentro de nuestro sistema de referencias. Por lo tanto, cuando percibimos algo en otra persona, debemos aceptar el hecho de que lo podemos percibir, solamente porque también nosotros poseemos lo que hemos percibido. Esto es lo que significa usar a otras personas como nuestros espejos. Cuando hacemos esto, no sólo adquirimos objetividad, sino que obtenemos la habilidad de mantener nuestras emociones bajo control.

Al utilizar a otras personas como nuestros espejos, no debemos caer en la trampa de ver sólo en la superficie de las acciones de esas personas. Es necesario buscar el fondo o la causa subyacente. Algunas veces será el valor nominal de las acciones de otra persona, el que se aplique a nosotros, pero muchas otras veces será la causa subyacente. Por lo tanto, si conocemos a una persona que es dogmática, deberíamos ver áreas de nuestra propia vida donde nos reconocemos como dogmáticos. Asimismo, si conocemos a alguien que encontramos ser verdaderamente gentil, deberíamos buscar esa misma gentileza en nuestra propia vida. A este efecto, debe aclararse que los espejos pueden ser negativos o positivos. Observemos seguidamente dos ilustraciones conteniendo ejemplos de ambos.

María conoce a una mujer, quién en su opinión, le parece ser extremadamente arrogante. La mujer manifiesta su arrogancia haciendo dar a conocer constantemente que ella es la mejor madre del mundo y que gracias a su sabiduría y devoción, sus hijos han resultado ser tan maravillosos. Analizando el valor nominal de las actitudes de la mujer, María llega a la conclusión de que ella personalmente, no es como esa señora. De hecho, María misma, ni siquiera se ve como una madre particularmente buena. Sin embargo, reflexionando más profundamente acerca de esta arrogancia que la mujer le refleja, María se da cuenta que ella también es arrogante, pero que en su caso, ella lo manifiesta en diferente forma. María siente que es su obligación es permanecer callada cuando se ve confrontada por personas arrogantes, especialmente porque ella se cree por encima de ese comportamiento. Aquí yace la arrogancia de María. Al creerse superior a aquéllos que son arrogantes, María se torna a ser reservada en su presunción.

Aunque Benjamín tiene un hermano que es un brillante erudito, él de por sí, nunca fue particularmente sobresaliente en sus logros académicos, y por lo tanto creció a la sombra de su hermano. Esto nunca llegó a ser una molestia para Benjamín, porque se sentía orgulloso de su hermano y lo admiraba constantemente por sus atributos académicos. Tal fue el éxito de su hermano que con el tiempo se calificó como un extraordinario investigador físico.

Benjamín, por su parte, asistió a un colegio técnico donde se calificó como mecánico y tornero. Demostrando excelencia en su trabajo, pronto logró trabajar en esta capacidad para una gran empresa de ingeniería. Su supervisor reconoció en Benjamín un buen trabajador y lo alentó a continuar cualificándose en la materia. Benjamín siguió el consejo, y cinco años más tarde se vio promovido a diseñador superior en la división de investigación de la empresa.

Ambos, Benjamín y su hermano, resultaron ser igualmente brillantes en el campo de la investigación, Benjamín en lo relacionado con la ingeniería, y su hermano con la física. Los hermanos manifestaron talento mutuo en forma diferente, pero con similares resultados.

Al utilizar a otras personas como nuestros espejos, y basándose en objetividad, es como nos llegaremos a conocernos a nosotros mismos con profundidad. Como ya hemos descubierto, siempre es más fácil ver las virtudes y los vicios en otra gente que en nosotros mismos. Es más, cuando comprendemos que las acciones de otra persona son meramente un reflejo de un aspecto de nosotros mismos, entonces sin importar qué desagradables resulten ser, no se nos hará tan fácil apuntar el dedo en forma acusadora e indignarnos. Puedes decir que no eres un ladrón común, y posiblemente tengas razón. Pero, ¿eres entonces un ladrón no común? ¿Cómo robas, y a quién? ¿Robas tiempo de tu trabajo o tal vez útiles de tu oficina? ¿O le robas a otras personas de manera más sutil?

En el análisis final, un buen acechador es bueno simplemente porque puede y usa a la gente como su espejo. No es difícil anticipar las acciones o reacciones de un hombre cuando nos usamos a nosotros mismos como guía. Cuando consideramos a las personas como nuestros espejos, el mundo se nos revela como un libro abierto; sólo tenemos que ver dentro de nosotros mismos y encontraremos que las respuestas yacen dentro de nosotros.

CAPÍTULO X

UNA RECOMENDACIÓN FINAL

Se observará que el *arte del soñar* no ha sido incluido en este volumen. La razón es que el soñar Tolteca es un concepto complejo, y como tal, yace más allá del alcance de este primer volumen. Las cuatro aplicaciones de técnicas dadas en este libro, son a saber: *trabajo con las emociones y el intento, recapitulación, acecho* y el *no-hacer.* El denominador común de las cuatro aplicaciones es que se comienzan con un estado de conciencia normal. En el soñar, por otro lado, el aprendiz comienza en un estado alterado de conciencia, y por lo tanto, no es posible incluir el soñar en este libro que ha sido escrito teniendo en consideración fundamentalmente la conciencia normal.

En presencia de esta juntura, considero que en esta ocasión es apropiado para mí ofrecer unas palabras de amistoso consejo. En esta etapa de nuestras vidas, donde encontramos que existe tanta gente con buenas intenciones que está en busca de la verdad, no hay duda que, el abuso de las drogas se ha convertido en un problema serio. En sus intentos para tratar alcanzar estados de percepción alterados y en espera de adquirir una visión de conocimiento, la gente de todas las edades ha permitido ser engañada al participar en los tales llamados *viajes* de la mente.

Como habíamos aclarado previamente en este libro, hubo un tiempo en que los Toltecas se entregaron en su desesperación, a la senda de las drogas. Por lo tanto, no es nuestra intención juzgar a aquéllos que todavía caminan por esta triste senda, pero por experiencia personal, todos los verdaderos Toltecas estarán de acuerdo que al final los resultados no justifican los efectos corrosivos que acarrea el abuso de las drogas. Cualquier persona que desee obtener conocimiento verdadero, debe ser una persona completa y sana y tener todas sus facultades totalmente operativas. Es bien sabido que el daño infligido al cerebro y al sistema nervioso ocasionado por las drogas es irreparable, y esto resultará en que la persona no se podrá cualificar para ser guerrero. Una vez que el cerebro o el sistema nervioso han sido dañados, el control completo de las emociones, y por lo tanto del *intento*, se hace imposible.

Más aun, las enseñanzas como también las técnicas para poner en práctica impartidas en este libro, son mucho más poderosas de lo que parecen ser a primera vista. Si uno se adhiere estrictamente a las enseñanzas, éstas son perfectamente seguras y guiarán al estudiante serio a lo largo de un constante y natural desarrollo de la conciencia. Al tomar el tiempo necesario y al realizar el esfuerzo requerido, el estudiante finalmente será guiado a estados alterados de percepción, y por lo tanto al conocimiento y a la libertad.

No obstante, será el necio el que intentará incrementar estas enseñanzas usando drogas simultánea o hasta intermitentemente. Cualquier persona lo suficientemente necia como para conducirse de esta forma, tendrá que afrontar las consecuencias involucradas. La psicosis engendrada por movimientos demasiado rápidos del punto de ensambladura, o la esquizofrenia producida por este punto que ha sido permanentemente desestabilizado, está hoy día, más allá del alcance de la ciencia médica. ¡Cualquiera persona que use drogas en conjunción con la lectura de este libro estará forzando su desarrollo de una manera no natural y por lo tanto peligrosa y, sin duda, se arriesga a pasar el resto de su vida en una institución mental!

¡Cuidado con aquél que trate de convencerte de lo contrario! Tal persona, como es de asumir, no estará interesada en el verdadero conocimiento, sino que, como va el dicho, sólo "se sube en el vagón para hacer un viaje". Están aquellos que profesan buscar conocimiento y libertad, pero que secretamente desean sólo la excitación de experimentar algo diferente o la emoción de declararse en contra de lo establecido. Están también, aquéllos a los que no les interesa nada más que anidar sus propios nichos, y es este tipo de personas el que empujará las drogas mientras existan tontos que se dejen atrapar.

El condicionamiento social se traduce en un alto costo para todos, especialmente para la mayoría de la gente joven, que se siente con el temor de verse diferente a sus amigos, o, porque odian ser llamados "chiquillos insípidos" o algo similar. En lo que se refiere a este asunto debes tomar tu propia decisión. ¿Quieres ser un guerrero? ¿O prefieres enterrarte en tu condicionamiento social y hundirte en el lodo de la mediocridad? El guerrero no teme tener que enfrentar solo los resultados de sus decisiones, puesto que él es un ser libre que carga orgullosamente con la responsabilidad que su vida representa. Aun cuando un guerrero esté aislado de sus colegas, nunca se puede sentir víctima, porque sabe vivir con el honor que significa ser un guerrero intachable. Los verdaderos chiquillos insípidos en esta vida son aquéllos que insisten en ser como el resto de ellos.

En la introducción de este libro, hay otro punto mencionado brevemente que exige un poco más de consideración, ya que concierne con una gran cantidad de maestros espirituales y también con las enseñanzas disponibles hoy día. Las palabras que usaré ahora son severas, y para algunos parecerá que me estoy tomando la libertad de criticar y juzgar. Considero que ya no es necesario permanecer callado, y en lo que a esto se refiere, tú estás llamado a ejercer tu propio buen juicio en lo que concierne con este tema. Por lo general, podemos decir que las personas tienen buenas intenciones, pero en realidad hay muy pocas, hoy día, que estén calificadas adecuadamente para ser líderes. En la mayoría de los casos tenemos el ejemplo clásico del ciego, guiando a los ciegos.

Cuídate de aquellos que te hagan sublimes y tentadoras promesas, porque nadie debe hacer nada especial por otra persona. Sin duda, podemos recibir cierta orientación, pero todos y cada uno de nosotros tenemos que andar la senda por nosotros mismos y mantenernos en pie, guiados por nuestro propio conocimiento. Hasta los aprendices trabajando bajo un *nagal*, deben realizar su trabajo para y por sí mismos. Asimismo, el *nagal* no puede dar ni un solo paso en favor de sus aprendices.

Actúa con mucha cautela en presencia de aquéllos que te prometen éxito instantáneo a cualquier precio. El éxito instantáneo es mera farsa. Es posible tal vez, en circunstancias extraordinarias, realizar un milagro espontáneamente, pero la experiencia se desvanecerá tan rápidamente como ocurra, dejando a uno, ni más sabio y ni menos incapaz que antes. Cualquier persona que desee poseer conocimiento verdadero y *poder*, podrá obtenerlos, pero deberá de estar preparada a invertir el tiempo y el esfuerzo necesarios para lograr la meta deseada. Con relación a este punto, no se considera amoral que un maestro espiritual exija pago por sus servicios. Aunque hoy día, todavía existe mucha gente que se adhiere a la creencia de que las enseñanzas espirituales deberían ser otorgadas gratuitamente; se debe recordar que el maestro espiritual, como cualquier otra persona, necesita comer, pagar su electricidad, alquiler, etcétera. ¡Pero, cuidado con aquéllos que toman a mano abierta, sin rendir retribución alguna!

El dinero es *poder* cristalizado, y como tal, no constituye propiedad de un solo hombre. El dinero viene a nosotros de la misma manera que nos llega el *poder*, para que podamos usufructuarlo y aprender de él. El dinero, como el *poder*, no debe de ser desperdiciado, sino conservado y usado con sabiduría y sobretodo, debe ser utilizado. En breve, el dinero debe circular y fluir para que la interrelación de la vida no se interrumpa. Por lo tanto, cuídate de no despojarte de tus ahorros con aquéllos que obviamente andan buscando engordar sus bolsillos. De la misma manera, debes estar preparado a pagar como retribución por tu educación espiritual.

En todos los temas espirituales y materiales aprende a escuchar a tu corazón, porque en la senda con corazón es dónde todo queda claramente revelado. La mente racional puede, a veces, escoger deliberadamente estar confundida para evitar un asunto espinoso o para esconder un motivo oculto, pero el corazón es incapaz de otra cosa que el de actuar con completa honestidad. Si sigues a tu corazón no te puedes engañar, ni tampoco nadie podrá vendarte los ojos. La marca del verdadero amigo y del verdadero maestro es que ambos sostienen la interdependencia, interacción e interrelación de la vida. Estas son las personas que trabajan en pro de la unidad en vez de la separación y, las que buscan el amor en vez del odio.

En tu viaje aprende a distinguir con claridad entre la información inútil y las verdaderas enseñanzas. El verdadero conocimiento y el *poder* sólo pueden surgir de las experiencias prácticas de tu vida cotidiana. Si tu jefe te hace víctima en el trabajo por ser él un pequeño tirano, ¿de qué te sirve saber que hay dos razas de gente que vive en Marte? O si experimentas una maravillosa sensación de estar flotando en el aire, mientras haces meditación, ¿de qué te servirá esto para escaparte de un maleante esperando asaltarte en un callejón? El verdadero maestro que posea doctrinas de valor para ofrecer, es el que invariablemente impartirá enseñanzas que puedan ser puestas en práctica en la vida diaria. Es en tu vida cotidiana donde necesitas el conocimiento y el *poder*, no allá, en las montañas o en los desiertos. Asimismo, es en un momento dado que necesitarás ambos, tu pericia en la acción y tu *poder*; por lo tanto no tendrás el tiempo necesario para meditar primero y luego estar invocando tu *poder*.

He mencionado anteriormente que ya no me mantendré más callado, y en este respecto tengo un mensaje final que otorgar. En esta época de constante especulación, la verdad debe de ser revelada acerca del tal – llamado fin del mundo y los eternos conceptos de cielo e infierno. Estos conceptos quedan oscilando en las mentes de muchas personas, engendrando a menudo gran miedo y confusión en ellas.

Recuerda que desde el comienzo, detrás de las escenas se yergue *El Observador Silencioso, El Espíritu de Atl*, rodeado de su pequeño, pero poderoso grupo de asistentes. Aquéllos que los Toltecas han llegado a conocer y amar como *los Guardianes de la Raza*. Invisibles y desconocidos para la humanidad estos seres trabajan día y noche, renunciando al descanso y hasta a Su propia libertad para mantener elevada la esperanza de que la humanidad pueda salir victoriosa en el gran desafío que encara en este momento en el tiempo.

Atl no es el Dios de los Cristianos, ni es Cristo, o Buda, o Krishna, o Mahoma, o cualquier otra deidad de la humanidad. Los Toltecas no profesan saber quién es realmente Dios y prefieren dejar este concepto a los teólogos del mundo. Todo lo que podemos decir con seguridad es que, Atl no es un ser místico que pasa todo Su tiempo escuchando plegarias, sino que es un ser muy real y, que los Toltecas lo han llegado a conocer gradual y en forma secuencial a lo largo de un vasto tiempo. No es el intento de los Toltecas tratar de divulgar su verdadera identidad, sino, más bien, decir que en la Biblia Cristiana, es a Él al que se le refiere como "Melchizedek, *el Rey de los justos y de paz, aquél sin padre, sin madre, sin descendencia y el que no tiene ni principio ni fin*".[1] Es él, a quién los Toltecas denominan El Señor del Universo, el ser en Quién vivimos, nos movemos y nos desenvolvemos.

Atl ha desenlazado las poderosas fuerzas del universo a través de mundos desconocidos; la humanidad misma, aunque lo ignore, se encuentra en medio de una batalla la cuál ya ha sido iniciada. La caída del comunismo, la demolición de la Pared de Berlín, los cambios políticos de Sudáfrica, las agudas presiones sobre la economía mundial, son algunos de los ejemplos de las batallas que se están librando. Dentro de pocos años tendrán lugar a través de todo el planeta, vastos e irrevocables cambios. El *hombre* se tendrá que saber acomodar de acuerdo a estas nuevas y poderosas corrientes o, será barrido por ellas – esta decisión queda en sus manos. El destino del hombre es el de almacenar conocimiento y el de emanar *poder*, en vez de reclamarlos. Es precisamente por esta razón que Atl requiere los servicios de la humanidad para lidiar en esta batalla – ésta es Su *ofrenda* de poder dirigida a la humanidad, y es el deber del hombre aceptar esta ofrenda.

Los Toltecas están al servicio del Espíritu de Atl y de sus Asistentes, y en este momento en la historia de la humanidad, nos encontramos prontos para cumplir con nuestro deber cuando sea necesario. Esta es la *hora del poder*, un desafío que el hombre debe de enfrentar solo, sin ayuda alguna, si es que aun quiere que las *ofrendas* que recibe no sean restringidas o destruidas. Mientras tanto, Atl se mantiene firme, detrás del escenario, y ha prohibido hasta a los Guardianes de la Raza que se ofrezcan a dar ayuda o a interferir. No obstante, como somos todos miembros de la raza humana, a los Toltecas juntamente con todos los otros hombres y mujeres de buena voluntad, les han sido permitidos dar asistencia cuando sea necesario.

La batalla, mencionada anteriormente, está relacionada con el tal llamado fin del mundo, pero no en el sentido que este concepto se interpreta normalmente. Esta locura humana que, no sólo está destruyendo al hombre, sino al planeta mismo, verá su propio fin. El fin del mundo no significa el fin de la vida en la tierra, tampoco tiene nada que ver con la destrucción del planeta. Significa que el mundo separatista y destructivo debe expirar. Esa conciencia que está causando tanto odio, separación y destrucción debe dar paso al entendimiento y a la aceptación de la interrelación que existe entre todos los seres y la importancia de la unidad con relación al bienestar de un todo.

¿Existe el cielo, hay un infierno? En realidad podemos decir que ambos existen. El Cielo constituiría llegar al fin de nuestros días sin ningún arrepentimiento, en el conocimiento de que uno ha vivido una vida noble, en forma intensa, y con integridad. El Cielo es haber sabido conocer el verdadero privilegio de vivir, y que uno ha amado y disfrutado de cada momento, de cada oportunidad colocados en nuestras manos como ofrenda. El Cielo es haber amado a personas y, a todas las demás criaturas que han compartido su vida con nosotros. El Cielo es haber amado este hermoso mundo, en el cual todo lo ya dicho ha sido posible.

El Infierno es llegar al fin de nuestras vidas, lleno de resentimientos, odio y amargura. Infierno es saber que uno ha odiado el precioso regalo que significa la vida, y que ha desaprovechado las oportunidades que se le han dado para aprender, amar y regocijarse. El Infierno es saber que no es posible volver atrás en el tiempo y decir "Lo siento, déjenme tratar de nuevo."

El Cielo es dejar este maravilloso mundo sabiendo que uno pudo haberse regocijado en la vida como un guerrero, y así lo hizo; el infierno es el saber que uno pudo haberse regocijado, pero no lo hizo.

En lo que se relaciona con este presente volumen ya queda muy poco para agregar, excepto que desearles a Uds. lectores ¡un feliz viaje por el Sendero! Recuerden que nuestra fuerza es vuestra fuerza, tanto como nuestra alegría, es la vuestra, porque éste es el concepto que da base y sentido a la interrelación que existe en la vida. Es verdad que cada uno de nosotros deba caminar el Sendero del Conocimiento por sí mismo y sin ayuda de nadie y, sin embargo, nunca lo caminaremos realmente solos.

Permanezcan firmes en sus decisiones de proseguir hacia delante y, sepan que éste es nuestro más sincero deseo para con ustedes. Manténganse fuertes y libres, despojados de las ataduras del condicionamiento social, porque también en este punto contarán con nuestro apoyo. Peleen con bravura en la batalla por el *poder*, y en esa batalla dejen a vuestro espíritu volar libre para regocijarse en lo que la vida tenga para ofrecerles. Si sigues estos consejos, luego, a través de la interacción de la vida estaremos contigo para apoyarte, por la sencilla razón de que el espíritu del hombre es uno y, éste se regocija en presencia de la libertad y del *poder.* Sobretodo, recordad siempre que a través del espíritu, el hombre puede ser atacado y hasta despojado, pero nunca puede ser derrotado.

EL UNICO FRACASO EN LA VIDA,
ES EL DE NO HABER LUCHADO

CAPÍTULO XI

EL CUMPLIMIENTO DE LA PROFECÍA

En un tiempo antes de todo tiempo, cuando el sol de fuego era joven y el planeta Tierra aún no se había materializado, cuando los cielos estaban aún desgarrándose con las guerras del espíritu y cuando el hombre se encontraba envuelto dentro de las ardientes nebulosas de la esencia solar, un oráculo antiguo conocido sólo como El Innombrable, echó una mirada hacia el universo y, *viendo* lo que iba a suceder, musitó la siguiente profecía:

> Cuando al final del tiempo, el hombre vaya a medir el tiempo, Atl, el Señor del planeta de lo que se llamó Tierra, hará un llamado a todos los líderes de la humanidad para exhortarles que traigan el fruto de sus labores, porque es en estos frutos donde se encontrará el futuro de ese problemático mundo, planeta de tristezas, hermosa gema oscura del Universo, destinada a iluminar a su hermano planeta del Amanecer . . . .

> Después de haber sido hecho el llamado, los primeros hombres que se adelantarán para mostrar sus mercancías serán hombres de vigorosa constitución que traerán consigo gran abundancia de frutos que harán brillar los ojos y aguar las bocas. Pero cuando estos frutos sean colocados sobre la balanza de la justicia, una gran y terrible oscuridad descenderá sobre toda la tierra, porque estos frutos fueron extraídos dentro de los oscuros y recónditos rincones de la mente humana.

Atl, el Señor del Mundo, permanecerá callado: sólo el silencio reinará dentro de esa oscuridad. El tiempo transcurrirá y a pesar de que los frutos cosechados por los líderes de la raza humana serán abundantes, los hombres se quedarán hambrientos con cada bocado, sus caras deformadas por la amargura de la fruta, los ojos vidriosos abandonados de esperanza y consumidos por la desesperación.

Cuando la gran y terrible oscuridad tienda su manto sobre la noche, y cuando los líderes sigan aun ofreciendo frutos infundidos de terror y muerte, entonces, como saliendo de los oscuros valles de la tierra emergerán unos pocos hombres quienes invocando al Señor del Mundo dirán:

¡Señor! – hablando todos al unísono – "Somos viajeros venidos de los valles del Este, Oeste, Norte y Sur. Somos solamente siete pequeños grupos: los Leones, los Elefantes, los Tigres, los Osos, los Zorros, los Lobos y los Dragones. Venimos con las manos vacías, ¡oh Señor! porque no tenemos otra cosa que ofrecer sino que a nosotros mismos. Pero, a lo largo de nuestros viajes hemos conocido la Sagrada Fuente de la Vida, donde una vez que se haya bebido en ella nunca más se necesitará alimento. Si fuese de tu agrado, ¡oh Señor!, Conduciremos a la gente allá, porque aquí todos perecerán de hambre."

"Hagan lo que estimen necesario," respondió el Señor del Mundo, mientras se inclinaba como en un silencioso reconocimiento los hombres tornaron su cabeza para ponerse de cara a las gentes, con los brazos extendidos y el corazón jubiloso hicieron señales a la multitud y se fueron abriendo camino y estableciendo el paso. Algunos lo siguieron de inmediato sin pronunciar palabra: otros titubearon, confundidos, otros rezongaban descontentos, otros resistiendo abiertamente se sentaron resignados a morir de hambre.

¡Memoria! ¿Qué hubiera sucedido si no se me hubiera restablecido mi memoria? ¡Paz! Hubiera percibido una paz bendita nacida de la misma ignorancia. ¡Ignorancia versus paz! ¡Que ironía! ¡No, tonto! ¡Es demasiado tarde para pensar como un cobarde! ¡Recuerda que la paz debe de ser renovada en cada vida, en medio de la batalla!

¡Sí! Otra vez, como muchas otras veces, debo encontrar la paz – esa paz serena en medio de la batalla. Por el momento, hay aún memoria – una memoria que llega a horrorizarme, pero, aún así, no la sacrificaría por el sentido de paz que experimenta el cobarde.

Así, otra vez la historia de ahora, la historia de antes de ahora, y la historia del tiempo antes del tiempo, sigue acechando mi mente. ¡Toda esas gentes! Tantas esperanzas y sueños. ¡Tantas batallas ganadas y tantas perdidas! Y las antiguas profecías. Todo eso lo recuerdo – las que se han materializado, las que son de este presente, y aquellas aún suspendidas dentro del futuro. La gran rueda aún sigue hilando el padrón del destino, de tiempo en tiempo, de una vida a otra vida. ¡Malditas profecías! Tal vez sería preferible ser ignorante. O tal vez no. ¡Qué diferencia hace después de todo! La rueda es la rueda, y el padrón es el padrón. Aun así, no puedo deshacerme de ese miedo que me inspira la memoria, el miedo que engendra la lucha, el dolor. ¡Tanto dolor! ¡Siempre tanto dolor!

Atl, no espero que me escuches, ni que me quieras oír decir esto; pero, para calmar el grito de mi propio egoísmo, debo preguntarte como lo he hecho tantas otras veces: ¿Porqué tanto miedo y dolor?

Veo el patrón que traza del destino como la gran rueda que hila el tejido, y comprendo porqué decidiste tomar este camino. Pero, Atl, ¿Será que llegará a su fin alguna vez?

¿Somos, entonces, tan necios que tengamos que sufrir el dolor con tanta intensidad, hasta quedar paralizados por él? ¿Es que existe alguna esperanza de cambio?

¿Por cuánto tiempo hemos estado trabajando en esta imposible tarea que nos has dado? Entiende, no es mi propósito quejarme, ni lamentarme, porque, tanto Vos como yo, si fuésemos a comenzar, recorreríamos de nuevo el mismo sendero, con la misma buena voluntad, y la misma determinación de siempre. Nosotros estamos encarnados en ti Atl. Tu deseo es nuestro deber, y tu vida es nuestro honor ¿cómo podría ser de otra manera?

Pero, Atl, esta vez deja que las cosas sean diferentes. ¡Esta vez deja que logremos rechazar el miedo y el dolor!

Cumpliré con mi tarea, Atl, como también lo harán mis hermanos, y juntos lucharemos esta batalla sin final. Sólo que esta vez, ¡deja que la lucha tenga su razón de ser!

Espero que nos escuchen. ¿Lo harán? ¿Porqué escuchar a un puñado de locos? Sí, eso es lo que somos, ¡locos! Solamente los locos tratarían de enseñar a la gente lo que ésta no quiere oír.

Mirando hacia abajo en el túnel del tiempo, veo un destino semejante al martillo cayendo sobre el yunque – una lucha para moldear aquéllo que resiste ser moldeado, esa pieza que debe ser calentada al vivo sobre el fuego de la vida antes de ser moldeada en forma – una quemadura que chamusca el alma, un golpe que detona en la mente y hiere al tierno corazón que ansia en su inocencia ser amado por todos.

Atl, ¿porqué tiene que ser así?

.... ¡supongo que no hay otra alternativa!

¡Qué pregunta tan necia! Porque después de todo, Vos sois el Divino Rebelde, el que tiene siempre que llevar sobre sus hombros el ser ¡el Gran Sacrificio! Vos queréis siempre haceros el héroe, ¿no es cierto Atl.?

¡Condenado, os comprendo!, pero os hecho las culpas por haberme metido en este lío. ¡Condenados seáis todos los Protectores, incluyendo ese necio llamado Cristo que me tiene agarrado de su rienda! ¡Yo no poseo vuestra fortaleza, vosotros bien lo sabéis!.

.... ¿O será que soy más fuerte de lo que parezco? ¡Fuerte o no!, ¿Puedo acaso volver la cara ante un destino el cuál soy yo mismo? ¿Puedo escaparme de ti, Atl? ¿Será que es eso lo que pretendo?

¡No! ¡Maldito sea todo! ¡No logro conseguir romper las cadenas con mi destino! ¡Pero, tampoco logro dejar de amarte!

¿Pero, porqué? Dime solamente, ¿porqué tiene que haber tanto miedo, tanto dolor? ¿Siempre, tanto dolor?

.... Se están aproximando a mí, Atl – con sus miedos y sus esperanzas.

Me miran en silencio con los ojos llenos de esperanza como si creyeran que los fuese a ayudar – que les pudiera librar de su miedo, de su dolor.

¡Condenado Atl! ¿Cómo podré yo abatir el miedo o el dolor cuando ese miedo y ese dolor son la verdadera esencia de vuestro ser, de nuestro ser?

¿Cómo? ¿Cómo debo hacer?

¡Oh, sí, claro, ya lo sé! Soy quién soy, y hago lo que debo hacer

Pero, ¿porqué debe haber siempre tanto miedo? ¿Tanto dolor?

Lo sé. Lobo soy, portador de esperanza y libertad.

No *la* esperanza, sino *una* esperanza ....

.... no *la* libertad, sino *una* libertad.

También sé que como Dragón nací, portador de la sagrada espada de dos filos. Una espada que debe cortar y dividir para que así la sabiduría de la discriminación pueda traer consigo una nueva unidad.

.... No *la* división, sino *una* división ....

.... no *la* sabiduría, sino *una* sabiduría.

¡Ya véis, Atl, lo sé! Tengo la voluntad de ponerme de pie, entiendo vuestro propósito. A todos aquéllos que vengan a mí los guiaré hacia la libertad, si es que pueda hacerlo. Pero ¡porqué debe de haber tanto dolor!

Mi deseo es el de luchar, porque mi propósito contiene tanto mi deber como mi honor, no puedo evitar amar a éstos y amarte a ti. ¿Pero, porqué debo de experimentar tanto temor?

¡Qué pregunta tan estúpida nuevamente; si bien sé que no hay otra alternativa!

Me dicen que Théun es mi nombre – Théun Mares – y que en la lengua antigua esto significa Théun el "de las Aguas Caudalosas", amado hijo de Mara, la de las Lágrimas. Lágrimas. Sí, lágrimas. ¡Siempre tantas lágrimas!

Un antiguo nombre, salido de un tiempo del que no me atrevo a recordar. ¡Un nombre! ¡Qué risa me da! Yo sé quién soy, además, yo ya tengo un nombre dado por mis padres en esta vida. Pero la rueda ha hilado el nombre de Théun, y ¿quién se atreverá a contradecir el "padrón?" Por lo tanto, Théun será mi nombre.

¿Creo en todo esto? ¿Es que *quiero* creer en todo esto? ¿Puedo escoger? ¡Necio! ¡Hombre idiota! Un guerrero *debe de* creer, ¿recuerdas? ¿Si no, nada tiene razón de ser?.

¿Nada? Y acaso, ¿La rueda no existe? ¿El "padrón" no existe? ¿El destino no existe?

¡Ningún nombre! ¡Ningún deber! ¡Ninguna responsabilidad!

¡Tentador! ¡Todo parece ser muy tentador! Pero, puedo en realidad aceptar que nada existe, sino esta locura humana dentro de un universo en caos que gira sin propósito alguno.

¡No, por supuesto que no! ¡No es posible! ¿Existió alguna oportunidad en la que pude haber aceptado? ¡No, por supuesto que no, necio! ¡Un loco, un necio loco es lo que soy!

.... Pero, Atl .... Sé que me comprendes.

De vez en cuando, es reconfortante dejar al destino a un lado – aun sea por breves momentos – solamente por unos breves momentos robados para entonces satisfacer una ansiedad puramente egoísta.

Aun así, permanezco de pie. ¡Pronto para la lucha! ¡No podría ser de otra manera!

Porque soy Lobo –

.... esperanza y libertad.

Porque nací Dragón –

.... división y sabiduría.

Dragón Lobo –

.... división de la esperanza ....

.... esperanza de libertad ....

.... libertad de sabiduría ....

¡Sublime Espíritu de Atl, yo el Dragón Lobo, Théun el "de las Aguas Caudalosas", hijo de Mara la de las Lágrimas, te saludo!

Me pongo de pie, y estando de pie, la Lanza del Destino cobra su verdadero vuelo. Lucho y luchando, la Espada del Poder suena al unísono con la de la Verdad y relampaguea con la ardiente llama azulada que le da el Poder Unico. Soy quién soy, y hago lo que debo hacer.

¡Atl, mi Señor!. Mi deber constituye mi honor!. ¡Mi vida te pertenece!

¡Ésta mi verdad, la juro enfrente de la Rosa!; sobre la sagrada Fuente de la Vida; y sobre mi espíritu. ¡Desde hoy en adelante, y para siempre!

Dejad oír a aquellos que tienen oído para hacerlo, que escuchen entonces lo que tiene que decir el Innombrable. Escuchen, como hemos escuchado todos alguna vez, y aprendan, como hemos aprendido todos alguna vez.

"Vosotros los que venís en busca del Sendero del Guerrero, aseguráos de que escucháis mis palabras con extremo cuidado, porque cuando miro a través del túnel del tiempo veo que transcurrirá mucho tiempo hasta que podréis comenzar a entender la profunda transcendencia de mis palabras. Tened en cuenta que, sólo puedo exponer a Vosotros una visión que va más allá de las palabras. Lo Inexplicado nunca podrá ser verbalizado solamente podemos verbalizar nuestra visión de lo que lo inexplicado. Así dicta la Ley.

Todos llegamos al Sendero del Guerrero en ignorancia. Todos debemos aceptar que no sabemos lo que es "el conocimiento verdadero" hasta que hayamos caminado por el Sendero del Guerrero. Por esta precisa razón, este sendero constituye un verdadero viaje hacia lo desconocido, no hay forma de conocer lo desconocido con anticipación. Así dicta la Ley. Los guerreros son solamente principiantes, y aunque éstos vengan a contaros lo que han descubierto, tal información no será nada más para los oyentes que una mera teoría, ningún conocimiento ha sido ganado por esta experiencia. Más aun, ¿cómo podrán los principiantes hablaros de estas cosas que han descubierto dentro de lo desconocido, si solamente están capacitados para conocer lo que es conocido?

Por lo tanto, si realmente queréis saber en que consiste el paso por el Sendero del Guerrero, entonces tendréis que caminarlo vosotros mismos: solamente entonces vuestra percepción coincidirá con vuestra visión. Así dicta la Ley. Escuchad con atención lo que voy a deciros, porque ahora hablaré de cosas pasadas, presentes y futuras. Hablaré del hombre atávico, del humano y del hombre consciente.

Los Guerreros son esencialmente hombres, hombres humildes, quienes no pueden evadir los confines de la Ley. Su tarea en la vida consiste en adentrarse en una inmensidad desconocida. Adentrarse en lo desconocido significa tener que entrar en esa misteriosa inmensidad, y cada vez que la entramos, lo hacemos transmutando esos campos magnéticos de energía dentro de nosotros que corresponden a los de la inmensidad desconocida fuera de nosotros. Esta transmutación afecta nuestra existencia por entero, es así que nuestro "estado de ser" queda irrevocablemente alterado. Como resultado de esta transmutación, sobreviene una eventual transformación, la emisión de todo lo que sea indeseable. El inevitable producto de la transformación es la transfiguración, o sea, una completa metamorfosis.

Sabed entonces, que una vez que este proceso haya comenzado la reacción en cadena que toma lugar no puede ser detenida. Como consecuencia, el Sendero del Guerrero es un sendero sin retorno – un sendero de transmutación, transformación, y transfiguración. Así dicta la Ley.

Id a la tarea que os ha sido asignada, porque hemos llegado a la hora del cambio para todos nosotros! Como nuevos reclutas, Atl'aman, guardad también en vuestros corazones estas palabras . . . .

La rueda ha completado su giro y está por comenzar otro – ¡la serpiente de la sabiduría se morderá su propia cola! El Destino ha dictado que este día llegue a su fin y que este mundo se desvanezca en vuestra mente como una vaga memoria. Al final de este día, seréis transportados a donde será nuestro nuevo hogar, vuestra nueva responsabilidad, y os olvidaréis de todo. Aun así, tendréis que esforzaros para recordar ¡qué significa ser un guerrero de Atl!, ¡Quién es Atl'aman! Sobretodo, tendréis que esforzaros para recordar ¡qué significa ser Tolteca! ¡La sagrada fe investida en Vosotros ¡no puede ser y no podrá ser jamás olvidada!

Con esto en mente, una semilla ha sido colocada en los corazones de todos vosotros. Vosotros constituís siete grupos – siete semillas para siete grupos. Por lo tanto, siete veces siete, seréis vosotros hasta el final del tiempo. De esta manera, al menos alguno de cada grupo de vosotros recordará lo que es ser Tolteca, que de las siete semillas deben crecer siete llaves las cuales abrirán de nuevo los siete cerrojos del Poder Único. En caso de que nunca recuerden esto, el nagal dentro de nosotros quedará carente del Poder Único y entonces se perderá para siempre en la antigua Oscuridad. De ahora en adelante dejaré de hablaros, porque así está dispuesto por el "padrón", que las llamas de la fragua sean encendidas, alimentadas, y mantenidas al vivo.

¡Guerreros de Atl, os saludo!

Por el amor que es la verdadera esencia de vuestro ardiente ser interior.

Por lo intachable que constituye vuestro invencible poder.

Por la humildad que es el sello de vuestro libre espíritu.

¡Que la paz y la armonía de la Rosa Amarilla de la Amistad os acompañe ahora y siempre!

¡Adiós, Atl'aman! ¡Andad ahora y aprended lo que es ser humano! ¡Andad y aprended lo que es el mantenerse firme! ¡Andad y aprended lo que es luchar! La rueda volverá a girar y muchas veces más la gran serpiente se morderá su propia cola antes de que vuelvas a recordar. Pero una vez que comiences a recordar, entonces, ¡deja que la Lanza del Destino vuele libre! ¡Deja que la Espada del Poder suene al unísono con la de la Verdad y haga relampaguear la llama azulada del Poder Único!

¡Atl'aman! Te encargo que recuerdes la fe sagrada!"

.... Recuerda ....

.... recuerda ....

EDITORIAL LIONHEART

Visite nuestra website para obtener artículos publicados regularmente sobre el Sendero del Guerrero conteniendo revelaciones basadas en las Enseñanzas Toltecas que se ven aplicadas en nuestro diario vivir.

www.lionheartpublishing.com

Además encontrará otros sites ofreciéndole valiosa información, como así también, relatos de experiencias obtenidas a través de estas enseñanzas. Nuestra website contiene información de cómo adquirir nuestros libros en cualquier parte del mundo.
O, si lo desea puede contactarnos directamente a:

Lionheart Publishing
Private Bag X5
Constantia 7848
Cape Town
South Africa

e-mail: cajmi@iafrica.com
www.lionheartpublishing.com
www.toltec-foundation.org

INFORMACIÓN ADICIONAL

Como parte de los continuos esfuerzos para impartir las Enseñanzas Toltecas a la humanidad, Théun, junto con su Hombre de Acción, Russell Braithwaite, han organizado un programa de taller práctico de trabajo, que toman lugar dos veces al año en Inglaterra y en los Estados Unidos, en los cuales se estudia con profundidad el verdadero significado de estas enseñanzas que no puede ser explicado fácilmente en forma escrita. Para más información, visite **www.warriorskeep.com**, y **www.warriorskeep.org**

Para mayor información sobre otras organizaciones, que también trabajan bajo la dirección de Théun, visite la siguiente website: **www.toltec-foundation.org**

Para beneficio exclusivo del lector y, para evitar posibles equívocos de representaciones o/y interpretaciones sobre las enseñanzas Toltecas, sírvase tener en cuenta que ninguno de los grupos de e-mail, forums de estudio en el Internet, o cualquier otro grupo que trabaje bajo el nombre de Théun Mares, son de forma alguna, representantes oficiales del trabajo de Théun. Estos grupos son organizados independientemente en el Hunters' Lodge, y sus funciones son las de actuar solamente como un mecanismo de apoyo para aquellas personas que trabajan con las enseñanzas de Théun. La única autoridad que existe con relación al contenido de la labor de Théun es Russell Braithwaite, el Hombre de Acción de Théun, que opera desde su base, en Hunters' Lodge, Sudáfrica. *Théun no ha asignado, ni tampoco reconoce otro representante que no sea Russell.* En caso de decidir hacer alguna modificación la hará conocer a través de su website.

Hunters' Lodge es la residencia oficial de Théun Mares y el centro desde el cuál él y Russell Braithwaite, su Hombre de Acción, conducen sus actividades.

- **Winds of Africa** es una corporación registrada a través de la cuál Théun y Russell dirigen las actividades que tienen que ver con los programas de taller práctico de trabajo.
- **Warriorskeep.org** and **Warriorskeep.com** son las websites personales de Théun.

INFORMACIÓN ADICIONAL

BIBLIOGRAFÍA

CAPÍTULO I

1. Helena Petrovna Blavatsky, *Isis Unveiled*, The Theosophical Publishing House, Wheaton, IL, 1994, Volume 1, p.557.

CAPÍTULO II

1. Henry David Thoreau, *Dictionary of Quotations* (Oxford University Press), London, Chancellor Press, 1985, p.547 q.3. *A Week on the Concord and Merrimack Rivers, Wednesday.*
2. Johann Wolfgang von Goethe, ib.p.223 q.21 *Faust.*
3. Johann Wolfgang von Goethe, ib. p.223 q.19 *Faust.*
4. Ralph Waldo Emerson, ib. p.201 q.18 *Society and Solitude, Success.*
5. Ralph Waldo Emerson, ib. p.200 q.28 *Ensayos, New England Reformers.*
6. William Blake, ib. p.73 q.18 *Auguries of Innocence.*
7. Oscar Wilde, ib. p.569 q.20 *The Importance of Being Earnest.*
8. Jonathan Swift, ib. p.520 q.1 *Letter to a Young Clergyman.*
9. Stephen Spender, ib. p.509 qq.1, 2 *The Truly Great.*
10. Bernard Shaw, ib. p.490 q.35 *Man & Superman.*
11. Bernard Shaw, ib. p.490 q.34 *Man & Superman.*
12. Bernard Shaw, ib. p.489 q.11 *Antony and Cleopatra.*
13. Blaise Pascal, ib. p.374 q.4 *Pensées.*
14. Ralph Waldo Emerson, ib. p.201 q.14 *Society and Solitude, Books.*
15. Ralph Waldo Emerson, ib. p.200 q.5 *Ensayos.*
16. William Blake, ib. p.74 q.27 *Gnomic Verses.*
17. Walt Whitman, ib. p.567 q.21 *Song of Myself.*
18. Oscar Wilde, ib. p.569 q.31 *The Critic as Artist.*
19. Bible (King James Version), Cape Town, Bible Society of South Africa, 1988, Matthew 15:11.
20. Oscar Wilde, *Dictionary of Quotations* (Oxford University Press), London, Chancellor Press, 1985, p.570 q.12 *Soul of Man Under Socialism.*

21. William Makepeace Thackeray, ib. p.542 q.9 *Esmond*.
22. Johann Wolfgang von Goethe, ib. p.224 q.4 *Tasso*.
23. Oscar Wilde, ib. p.569 q.37 *Lady Windermere's Fan*.
24. Johann Wolfgang von Goethe, ib. p.223 q.23 *Der Gross-Cophta*.
25. Bernard Shaw, ib. p.489 q.5 *The Apple Cart*.
26. Edgar Allan Poe, ib. p.380 q.16 *A Dream within a Dream*.
27. William Shakespeare, ib. p.480 q.8 *The Tempest*.
28. Frank Herbert, *Dune Messiah*, London, NEL Books, 1981, p.107.
29. Frank Herbert, ib. p.10.
30. Herman Hesse, *Siddhartha*, London, Picador, (Pan Books Ltd.), 1991, p.113.

CAPÍTULO VI

1. Walter de la Mare, The Listeners, New York, W.W. Norton & Co., Inc., *The Norton Anthology of Poetry*, p.906.
2. Thomas Stearns Eliot, ib. p.1012 *Journey of the Magi*.

CAPÍTULO X

1. Bible (King James Version), Cape Town, Bible Society of South Africa, 1988, Hebrews 7:2.

PERMISOS DE DERECHO DE AUTOR

Se extiende nuestro agradecimiento a las siguientes entidades por permitirnos reimprimir material previamente publicado:

A la editorial, The Theosophical Publishing House, Wheaton, IL: por permitirnos reimprimir un trozo de la obra "Isis Unveiled", de H. P. Blavatsky.

A los Delegados Literarios de Walter de la Mare, y a la Sociedad de Autores, como también a sus representantes: por permitirnos reimprimir "Los Escuchas" de Walter de la Mare.

A la Sociedad de Autores a cargo de los trabajos de Bernard Shaw: por permitirnos reimprimir trozos de las obras "Hombre y Superhombre", "Antonio y Cleopatra" y "El Carrito de Manzanas".

A Alianza Editorial: por permitirnos reimprimir un trozo de la obra "Journey of the Magi" de T. S. Eliot.

A Ed Victor Ltd: por permitirnos reimprimir trozos de la obra "The Truly Great" de Stephen Spender.

A Suhrkamp Verlag, de Frankfurt: por permitirnos reimprimir un trozo de la obra "Siddhartha" de Herman Hesse.

OTROS LIBROS DE THEUN MARES
DISPONIBLES EN IDIOMA INGLÉS
(Sobre la disponibilidad de las ediciones de estos libros en español, sírvase consultar la siguiente website: **www.lionheartpublishing.com**)

SERIES SOBRE LAS ENSEÑANZAS TOLTECAS de THÉUN MARES

Cry of the Eagle
(Las Enseñanzas Toltecas – Volumen II)

Una profunda aventura literaria conteniendo enseñanzas secretas de esta antigua tradición incluyendo cómo establecer el cese del diálogo interno, cómo manejar los cuatro enemigos de la humanidad, además de una información detallada de cómo establecer conexión entre la conciencia de izquierda y de derecha, con los correspondientes símbolos para su interpretación.

ISBN 0 620 21198 9 (Libro encuadernado)

The Mists of Dragon Lore
(Las Enseñanzas Toltecas – Volumen III)

Las Tradiciones del Dragón exponen el proceso de cómo activar con eficacia control sobre nuestra vida y nuestro futuro. Esta obra explora la psique humana, introduciendo conceptos tales como los 21 aspectos de la conciencia; el significado y la existencia de mundos alternativos; los 4 postulados del acecho y los 7 aspectos de las normas del acechador.

ISBN 1 919792 01 5 (Libro encuadernado)
ISBN 1 919792 02 3 (Libro de bolsillo)

Shadows of Wolf Fire
(Las Enseñanzas Toltecas – Volumen IV)

La libertad no es sólo un turbio concepto místico. La verdadera libertad necesita ser adquirida y obtenida. En este Volumen IV, Théun revela lo que se esconde detrás del mito y lleva al lector a las verdaderas raíces de la libertad escondidas dentro de otras eras, en otros lugares del planeta.

Habiendo retrocedido hasta los comienzos del tiempo, Théun nos muestra lo que significa la libertad en el mundo de hoy y cómo, en la práctica, podremos adquirirla para adentrarla en nuestras vidas.

ISBN 1 919792 05 8 (Libro encuadernado)
ISBN 1 919792 04 X (Libro de bolsillo)

The Quest for Maleness

Una obra que enseña cómo descubrir los secretos de la creatividad y sexualidad masculina con el objeto de experimentar así, más placer y satisfacción. Un mensaje de esperanza y un libro guía para todos los hombres.

ISBN 1 919792 07 4 (Libro de bolsillo)

Unveil the Mysteries of the Female

Un viaje de misterio y descubrimiento, que permite a la mujer encontrar una profunda y durable satisfacción como tal, dentro de un mundo asexual y ultra-competitivo

ISBN 1 919792 06 6 (Libro de bolsillo)

This Darned Elusive Happiness

Udü puede obtener mucho más que una simple relación – ¡descubra las sorprendentes técnicas para transformar cualquier relación en una experiencia inolvidable y divertida!

ISBN 1 919792 03 1 (Libro de bolsillo)

Para informarse acerca de la disponibilidad de estos libros en español, sírvase consultar la siguiente website:
www.lionheartpublishing.com